Jandiro Adriano Koch

O CRUSH

de Álvares de Azevedo

Porto Alegre, 2020

Luiz Antônio da Silva Nunes

Fotografado por J. J. de Barros,
que trabalhou no Rio de Janeiro entre 1860 e 1870.
Sem data. Acervo do Arquivo Nacional
do Rio de Janeiro.

Sumário

7 Apresentação
Por Luís Augusto Fischer

11 Disputas narrativas
16 A lenda dessa paixão...
25 Más influências?
31 Álvares em travesti
35 Uma arara para o conde Fé d'Ostiani
43 As cartas *comprometedoras*
60 Meu peito alegre
62 Satanás e o mancebo
65 Amor e medo
76 *Outsider*
81 Cabo de guerra
84 Luiz Antônio da Silva (Nunes)
89 A mesada do imperador
94 Silva Nunes e a família do barão de Muritiba

96	Presidente da Paraíba do Norte
103	Deputado pelo Espírito Santo
111	Presidente da Província da Bahia
118	Últimos anos no Rio de Janeiro
125	Quiproquós políticos: sodomia como agravante
129	Foi bonito, foi...
138	APÊNDICE
138	Sonhando
142	Sonhando
145	Fotos
149	O autor

Apresentação

Pesquisa séria, ótimo texto, verve certa

Por Luís Augusto Fischer

Uns cento e poucos anos atrás, quando o que hoje se chama de Teoria da Literatura ainda nem nome claro tinha, houve uma grande onda que empurrava a biografia dos artistas para os fundos do palco. O que interessava era a obra, que tinha objetividade, que era o que era independentemente do autor, de suas preferências, escolhas, valores. Em resumo meio grosseiro, dá pra dizer que o que se chama Teoria da Literatura se constituiu *contra* o valor da biografia.

Daí foram aparecendo muitas formulações sobre o que era o romance, o conto, o poema, sobre como as gerações apareciam e sumiam, como as modas estéticas ganhavam e perdiam prestígio, como as formas literárias encontravam leitores e espectadores e depois não os encontravam mais.

Eis que o nosso tempo retoma o sentido das biografias, que parecia solidamente enterrado. E o faz de modo talvez inesperado — a nova aparição do tema foi batizada de "lugar de fala". Cheio de espinhos e possibilidades interpretativas, o "lugar de fala" repõe a ideia de que há uma vinculação entre quem fala e aquilo que fala. Ou seja: recoloca em circulação um nexo entre vida e obra que por cem anos esteve fora do cenário.

Por um viés aparentado a esse tema, Jandiro Koch apresenta aqui seu segundo ensaio biográfico-histórico (o primeiro foi editado no belo livro *Babá, esse negro depravado que amou*), agora abordando a figura consagrada de Álvares de Azevedo, o poeta que morreu jovem, o ultrarromântico típico, um quase James Dean do século XIX brasileiro.

(Dean, jovens, foi um ator norte-americano que, como diziam alguns muito antigos, morreu jovem para morrer belo. *Live fast, die young*, "Viva rápido, morra jovem", eis a frase, que virou nome de filme *noir* de 1958 e é o nome da biografia de Dean.)

Há vários méritos no trabalho do Jandiro Koch. Um deles é a precisão das informações. Lendo seu texto, fica claro que ele não estanca na primeira barreira dos dados, mas, ao contrário, vai fundo na inquirição, desdobrando aspectos, buscando correlações, traçando caminhos alternativos. Pessoalmente, gosto muito da especificação das datas dos eventos, assim como dos períodos de vida dos protagonistas: nada como pisar terreno sólido ao pensar nas vidas que se foram. Por outro lado, não faltam comentários que os velhos chamariam de "pícaros", espirituosos, na fronteira entre o jocoso e o sério, temperando o texto. O balanço é muito bom.

A esse valor se acrescenta outro, igualmente não pequeno: seu texto é muito fluente, sem deixar nunca a firme ancoragem nos dados. Vale a pena avaliar esse particular aspecto: a massa de elementos com que lida o autor por certo deixaria assustado um escritor menos habilitado, mas Koch mostra a grande virtude de saber equilibrar aspectos mais e menos importantes, informações de vida pessoal e de contexto, relatos sobre o protagonista do livro e sobre amigos, conhecidos e conexos.

Vale ainda mencionar a erudição que está nas páginas, no relato, nas notas, na bibliografia. Nada daquela coisa aborrecida de erudito de araque, provinciano, leitor de poucos livros, que se contenta com o consagrado e faz questão de jogar para o aplauso fácil da torcida incauta. O que aqui temos é uma erudição tramada no serviço, na pesquisa, pela busca de dados e conexões, não de brilharecos fáceis. Resulta que é muito legal ler sobre as vidas dos brasileiros Álvares de Azevedo e Luiz Antônio da Silva Nunes, o possível *crush* gaúcho do poeta, postas em circuito com figuras de envergadura ocidental como lorde Byron ou George Sand e muitos outros, todos trazidos a propósito.

Tudo isso se realça ainda por uma qualidade menos visível, e ao mesmo tempo essencial: Jandiro Koch não faz de seu objeto ou de seu texto uma plataforma de reivindicação, quer dizer, não retorce os dados de sua pesquisa para que digam algo que ele previamente pensava sobre as pessoas e tempos que aborda. Como vai se ver no correr do texto, o autor está aberto à dúvida, sem que isso implique diminuir seu interesse em encontrar pontos seguros de informação.

Aliás, o que é mesmo que o autor pensa de seu biografado? Que ele era o que hoje se chama de gay, ou homossexual?

Nem essa resposta é óbvia, o que é mais um valor positivo do texto. Dá a boa impressão de que Jandiro, aparelhado de ótimo faro de pesquisador e informado por uma boa suspeita de que sob encobrimentos e silêncios há a velha e boa vida humana, cheia de contradições e belezas, sabe que perguntar é melhor que responder.

E que grandes e certeiras perguntas há aqui o leitor vai logo descobrir. Não precisa concordar com nada, e pode mesmo entrar nestas páginas desconfiando de tudo. Aliás, confesso que as perguntas que o Jandiro faz não são as que eu faria. Mas são perguntas relevantes para ele e, melhor ainda, iluminam o objeto que abordam — e esse não é um mérito pequeno em matéria de estudos de história e de literatura.

O certo é que o leitor, aqui, vai ser conduzido por um passeio pelos meandros da vida e da criação artística que interessam não apenas aos ocupados em Álvares de Azevedo, ou em temas LGBTQI+, ou no século XIX, ou no Romantismo, mas a todos os que se fascinam com a aventura humana chamada arte.

À Memória de Álvares de Azevedo

[...] Cantor da morte, filho da tristeza,
Não vás nas tumbas modular teu canto,
Vem de amores viver junto a meu peito
Vem nos meus braços enxugar teu pranto.[1]

Disputas narrativas

O texto que segue foi elaborado a partir do meu interesse pelo suposto *crush*[2] de Manuel Antônio Álvares de Azevedo (1831-1852), o porto-alegrense Luiz Antônio da Silva Nunes[3] (1830-1911). Tomando como escopo ponderar sobre gênero e sexualidade, o faço em meio a consi-

---

1. SOARES, Macedo. *Ensaios literários do Atheneo Paulistano – 1857 – Nº 3*. São Paulo: Tipografia 2 de Dezembro, p. 408.

2. Utilizo *crush* na acepção da gíria disseminada nas redes sociais. Alguém por quem se está apaixonado, por quem se cai de amores, que não necessariamente corresponde ou tem ciência da atração sentida pelo outro.

3. O nome foi grafado como *Luiz Antonio da Silva Nunes* na maioria dos documentos analisados. *Luís* apareceu em materiais mais recentes em razão de reformas na ortografia. Preferi manter Luiz. No entanto, de *Antonio*, sem acento, alterei para Antônio, antes por insistência do corretor ortográfico do que por gosto. Álvares de Azevedo o chamava *Luiz* ou *Luiz Antônio*. Mantive essa forma de tratamento, que considero mais pessoal do que *Silva Nunes*, nome com o qual ficou conhecido profissionalmente e, por consequência, adotado na maioria dos jornais pesquisados.

derações sobre o que alguns decretaram ter sido mera/profunda amizade, enquanto outros enxergaram algo a mais, com teor passional, correspondido ou não. No segundo caso, bifurcado em amor platônico — o conceito mais próximo de *crush*, embora não igual — e físico. Homossexualidade? Bissexualidade? Demissexualidade? Sapiossexualidade?

Mencionado superficialmente pelos que biografaram o poeta romântico, Luiz é indispensável para refletir. O gaúcho também foi figura pública. Deputado pelo Espírito Santo por duas vezes, presidente das províncias[4] da Bahia e da Paraíba do Norte, envolveu-se em questões políticas que marcaram a disputa entre liberais e conservadores durante o Império. Ele sobreviveu em muito a Azevedo — ao menos o corpo.

Reunir dados sobre o personagem menos conhecido não significa olvidar o outro. O poeta, de fato, tem sido o centro de polêmicas. Hodiernamente, textos afirmando ter sido homossexual não são difíceis de localizar na internet.[5] Mas o contrário, na maioria das vezes implícito

---

4. Depois de capitanias, a partir de 1821, o Brasil passou a utilizar província para a área territorial que, no futuro, com a proclamação da República, viria a ser denominada de estado. Os presidentes de província, apesar de indicados, portanto, não eleitos, desempenhavam papel semelhante ao dos governadores de hoje.

5. CASTILHO, Lucas. *5 autores essenciais para começar a compreender a literatura LGBT brasileira*. Mdemulher, 14/06/2017. Disponível em: https://mdemulher.abril.com.br/cultura/5-autores-essenciais-para-comecar-a-entender-a-literatura-lgbt-brasileira/. Acesso em 24/12/2019.

— porque a heterossexualidade, em um sistema que a produz como compulsória, não precisa ser dita —, não é escasso.

Era ou não? Eis a questão? Não me associo aos que torcem o nariz dizendo que não faz diferença. Importa somente a arte? Em um país em que tanto se torturou física e psicologicamente, em que se matou e onde ainda se repetem atrocidades motivadas por afeminofobia, bifobia, homofobia, lesbofobia e transfobia..., analisar vivências LGBTQI+ merece a luz do sol. Ainda que mantida a dúvida sobre a orientação afetivo-sexual de Azevedo, é imperioso entender que as disputas narrativas por esse ou aquele parecer estão inscritas na história LGBTQI+ brasileira como algo em si.

Quero dizer que, menos do que almejar respostas definitivas, cabe, por exemplo, racionalizar quais motivações levaram o jornalista Reinaldo Azevedo, então colunista da revista *Veja*, a investir contra o antropólogo Luiz Mott, que foi um dos que ousaram soprar que Azevedo pode ter sido gay. Tachando Mott de "irresponsável"[6], argumentando falta de fontes documentais para a assertiva, que provas cabais, por sua vez, Reinaldo Azevedo tinha do contrário?

Deixa de ser fundamental saber se foi ou não. Resta premente inferir sobre o que despertou tanta inquieta-

---

6. AZEVEDO, Reinaldo. *O tribunal totalitário do sindicalismo gay*. Revista Veja. São Paulo, 12/03/2013. Fonte digital. Disponível em: https://veja.abril.com.br/blog/reinaldo/o-tribunal-totalitario-do-sindicalismo-gay-ou-ainda-daqui-a-pouco-os-politicos-terao-de-se-ajoelhar-diante-de-pedro-abramovay-o-juiz-supremo-de-um-tribunal-de-excecao/. Acesso em 24/12/2019.

ção com a possibilidade de que tenha sido. De grande valia é compreender que, em meio aos debates, vai se formando a mentalidade dos leitores e ouvintes, muitos deles alimentados com a ideia de que é descabido cogitar que uma figura notória da história tenha sido homossexual. *Foi? Para que trazer isso à tona?* No embate, quase sempre, *vence* quem tem mais audiência, problema diante do qual urge perceber que pendengas discursivas implicam materialmente.

Ao perscrutar os arquivos desse *causo*, investigo, na singularidade, aquilo que tantas vezes tem sido olvidado por quem analisa grandes estruturas. Sem menosprezar esses estudos, que, em muitos momentos, me alicerçam, prefiro ver como o dente-de-leão floresce nas rachaduras do concreto.

Reuni parte dos entreveros sobre a vida íntima de Azevedo, reflexões dispersas em jornais, livros e plataforma virtual para encorpar o projeto. Não somente detalhes biográficos, mas recursos conceituais para (re)interpretar as existências/experiências/vivências a partir da desconfiança pós-moderna sobre as identidades deram contornos às minhas ideias. Desafiado pelas novas subjetividades e/ou por aquelas modificadas, indago: como voltar ao passado, datado por certas formas de perceber os sujeitos e os relacionamentos, tendo o olhar exegético construído pelo presente, marcado por experimentações, fluidez e migrações (pós-)identitárias? No mundo LGBTQI+, se Azevedo e Luiz vivos fossem, onde seriam *enquadrados*? Como se veriam?[7] Torna-se evidente, aqui, que tempo presente e futuro não estão ausentes.

Para além da (des)territorialização da localização afetivo-sexual do produzido/surgido entre o literato e Luiz, pormenores atenderão ao leitor *voyeur*. Aquele com o interesse tão humano em dar aquela espiadinha pelo buraco da fechadura — provavelmente para entender a si mesmo nas possibilidades ocultas por terceiros. Nessa seara, desconhecidas, as imagens de Luiz foram incorporadas, suprindo lacuna pictórica.

Por fim, continuo com o plano apresentado à introdução de *Babá: esse depravado negro que amou*[8], tam-

---

7. Quem estiver pensando que Michel Foucault, Judith Butler, entre outros, especialmente os voltados à teoria *Queer*, têm um tanto a ver com o que será apresentado, está correto. Todavia, antes mesmo de eu aprender os conceitos — que mais aparecerão implícitos, ao longo do trabalho, do que em forma de citação direta —, me sentia desconfortável na prisão identitária na qual muitos sempre quiseram me colocar. Quando, há muitos anos, eu participava de encontros de coletivos de *trans*, alguns organizados pela rede *Igualdade*, de Porto Alegre, muito me deslocavam as exigências de adequações corporais, uso de nome social, entre outras. Embora compreendesse as razões daquelas lutas identitárias, não me afinava com determinados pressupostos que tod@s deveriam adotar para ser reconhecid@s como pares.

8. Curiosamente, *Babá: esse depravado negro que amou*, em que tomei o título emprestado de uma definição dada no século XIX ao personagem conhecido mais pela alcunha do que pelo nome, acabou sendo, aqui e ali, por pessoas brancas, inquirido como sendo um livro publicado por um branco sobre negros. A indagação surgiu na esteira dos debates sobre "lugar de fala". No entanto, quem o leu sabe que se trata de um texto que versa sobre a população LGBTQI+, tendo negritude, classe social e outros marcadores como interseccionalidades indeléveis, mas não centrais.

bém lançado pela Libretos, em que propus o compartilhamento das pesquisas voltadas à identificação de fatos, personagens e debates envolvendo a homoafetividade e demais formas de desejo e/ou vivências não hegemônicas na história do Rio Grande do Sul (RS). Mesmo que, por ora, esse elo com o meu Estado natal esteja amarrado, aqui e ali, com tira de pano roto em vez de corda robusta, as junções vão se reforçando com o avanço das buscas e publicações.

A lenda dessa paixão...[9]

Dos tempos em que não havia câmeras de celular fazendo registros da *realidade* a todo momento, nem redes sociais compartilhando as novas de segundo em segundo, não espantam as biografias ornadas com elementos fictícios. Há semelhanças com as *fake news*. Essas, multiplicadas à exaustão, causam consequências na vida política e interferem nas relações sociais. O imediatismo e o alcance demográfico podem ser novidades, mas a manipulação de dados não esteve ausente nos antigos jornais e livros. A vida de Álvares de Azevedo, como tantas outras, ao ser *recuperada* por biógrafos, escritores, jornalistas, parentes, foi contaminada por factoides. Mesmo que o intento, por vezes, pareça esforço para embelezar, foram mentiras.

A data do registro de nascimento não é controversa. Ele veio ao mundo em 12 de setembro de 1831, filho

---

9. "Faz sorrir ou faz chorar", como diz *A lenda*, música composta pelos integrantes do grupo Roupa Nova, cantada por Sandy e Júnior.

de Inácio Manuel Álvares de Azevedo (1808-1873), então estudante de Direito na Academia de Ciências Jurídicas e Sociais de São Paulo, instituição recém-criada; e de Maria Luísa Carlota Silveira da Mota (1812-1895), uma jovem de 17 anos que teria pulado a cerca com o namorado, o que, à época, resultava em casamento apressado.[10] Álvares de Azevedo foi o segundo rebento de nove.

Durante muito tempo, em grande parte devido à apresentação biográfica feita por Domingos Jacy Monteiro (1831-1896), um primo seu, persistiu narrativa funambulesca, que localizava o parto na biblioteca da Academia, embora o nascimento tenha se dado entre estantes de livros da casa do avô materno. Veiga Miranda (1881-1936), engenheiro, político, romancista e biógrafo, sugeriu que seria melhor permanecer com a versão, argumentando ser "preciso insurgirmo-nos contra o afã prosaico das retificações que desfiguram as mais belas páginas [...]. Que vantagem se encontra em contrapor uma verdade seca, esquelética, irritante, às lendas suaves, rendadas de poesia e de encantos?"[11]

Garoto, frequentou aulas no Colégio Stoll, no Rio de Janeiro, onde foi matriculado em 1840. Depois dos primeiros anos, nos quais gerou pouco entusiasmo nos mestres, deu uma guinada. Com exceção das atividades

---

10. JÚNIOR, R. Magalhães. *Poesia e vida de Álvares de Azevedo*. São Paulo: Editora das Américas, 1962, p. 12. Essa versão foi refutada por outros, que disseram que houve larga resistência dos pais da jovem.

11. MIRANDA, Veiga. *Álvares de Azevedo*. São Paulo: Empresa Gráfica da Revista dos Tribunais, 1931, p. 49.

físicas, teria se destacado em todas as áreas. Em 1844, para convalescer de alguma enfermidade, retornou a São Paulo, onde permaneceu por cerca de quatro meses, nos quais teve algumas aulas no Curso Anexo da Faculdade de Direito. Nesse momento, o pai, que havia sido juiz, em Niterói, e chefe de polícia, no Rio de Janeiro, assumiu como deputado geral fluminense.

O biógrafo Raimundo Magalhães Júnior (1907-1981) ressaltou a facilidade para aprender inglês e francês. Mais tarde, essa desenvoltura permitiu que acessasse facilmente a literatura estrangeira, bem como tentasse experiências com traduções. Há quem negue qualquer doença, alegando que não teria estudado se estivesse mal. De volta ao Rio de Janeiro, a partir de 1845, foi para o internato do Imperial Colégio de D. Pedro II. Nesse educandário, disputado pelas elites, Azevedo conheceu e conviveu com Luiz.

Não é difícil fazer a reunião de favoráveis para o despertar homoerótico em colégios internos. Como partícipes, a idade na qual os alunos permanecem recolhidos, marcada pela angústia da descoberta sexual e pela explosão hormonal; a limitação de contato com parceiros do sexo oposto; e a oportunidade para a experimentação do desejo homossexual. A ocasião, quando há controle constante, faz o *ladrão*. Não sem razões, escritores diversos dispuseram dos regimes fechados como centros de eclosão de homoafetividade: de Raul Pompeia (1863-1895), em *O Ateneu* (1888), ao gaúcho Paulo Hecker Filho (1926-2005), em *Internato* (1951).

Geralmente abastados, aos alunos do D. Pedro II era requisitado um amplo enxoval, composto por uma casaca de pano verde com botões amarelos (remetendo às cores símbolo da família real), seis jaquetas de duraque, dez coletes de fustão, seis coletes de sarja escura, seis calças de brim cru, seis calças de brim branco, um chapéu preto, um boné de pano azul, doze ceroulas avantajadas e de tecido grosso (poderia ser no estilo riscadinho), um par de ceroulas brancas de baeta para os banhos, trinta e dois pares de meia branca, três suspensórios, entre outros itens.[12] A moda masculina, para os homens com recursos, era inspirada nos franceses, referência de elegância. Observados os itens solicitados, não consigo deixar de pensar que a roupa de baixo era feita para esconder totalmente os corpos. O traje de baeta, provavelmente um tecido de algodão grosso, para a hora do banho, evitava a nudez. A ausência de meninas não era escusa para descuido com a tensão erótica gerada nos adolescentes do mesmo sexo diante do vislumbre de um corpo despido.

Veiga Miranda recorreu a Raul Pompeia para explicar como funcionavam os internatos, nos quais os filhos acalentados e bajulados pelas famílias passavam a ter cobranças e responsabilidades, onde eram apresentados à conexão entre esforço e merecimento, sem deixar de pontuar que, por outro lado, esses locais de aprendizado poderiam ser propícios aos "miasmas da

---

12. SANTOS, Beatriz Boclin Marques dos; ANDRADE, Vera Lúcia de Cabana Queiroz. *Colégio Dom Pedro II*: polo cultural da cidade do Rio de Janeiro. Rio de Janeiro: Muad, Faperj, 2016.

imoralidade".[13] Acerca das questões de gênero, preocupou-se em dar uma satisfação para a repulsa do moçoilo Azevedo pelo atletismo: "A aversão à ginástica não faz presumir que fosse enfermiço o aluno. Há muitos rapazes sadios, robustos, de lindas cores e bela compleição física hostis aos exercícios corporais. Indolência, propensão maior para os trabalhos cerebrais, desdém pelas vitórias materiais do atletismo".[14] Elencadas possíveis causas do desprezo, complementou que, independentemente de qual fosse a origem, qualquer morbidez seria prontamente avisada aos familiares pelos preceptores se tivesse existido.

Além disso, havia os discentes. Em 1846, um dos professores de Azevedo foi Domingos José de Magalhães (1811-1882), visconde de Araguaia. Considerado o precursor do Romantismo no Brasil, nas escolas costuma ser lembrado por *Suspiros poéticos e saudades* (1836). Essa coletânea de poemas foi publicada em Paris, onde Magalhães residiu entre 1832 e 1837. Na França, ao lado do gaúcho Manuel de Araújo Porto-Alegre (1806-1879), publicou a *Nitheroy, Revista Brasiliense*, que teve apenas duas edições. Os dois empreenderam uma série de viagens pelo continente europeu. Consoante o sociólo-

---

13. MIRANDA, Veiga. *Álvares de Azevedo*. São Paulo: Empresa Gráfica da Revista dos Tribunais, 1931, p. 85.

14. MIRANDA, Veiga. *Álvares de Azevedo*. São Paulo: Empresa Gráfica da Revista dos Tribunais, 1931, p. 85.

go Carlos Figari, Magalhães foi homossexual notório.[15] A palavra homossexualidade, então, não existia. Como se identificavam, entre si, pessoas com desejo semelhante? Terão Araguaia, o professor de Filosofia, e Azevedo, o pupilo, reconhecido um no outro o mesmo gosto?

Note-se que, ao contrário do que fiz em *Babá: esse depravado negro que amou*, estou trabalhando com personagens da elite do século XIX. Em relação a esses, salvo exceções, não era fácil lançar mão da acusação de pederastia, sodomia ou como quer que desejo/práticas *desviantes* fossem conhecidos. Apesar de terem seu comportamento sexual jogado para o divertimento e escárnio público de vez em quando, especialmente por desafetos políticos, existiam outros regramentos. A ordem tácita era o silêncio. Enquanto *Babá*, negro, pobre e profissional do sexo, era *objeto* para a imprensa sensacionalista; Magalhães, apesar de "notório", passou incólume.

Em 1848, Azevedo ingressou na Faculdade de Direito, em São Paulo. A formação como bacharel em Letras, no Colégio Pedro II, permitia o acesso ao curso superior sem a necessidade de prestar exames prévios. Nesse momento, passou a manter correspondência com Luiz, da qual tratarei adiante. Em terra paulistana, o poeta teria sido cofundador da Sociedade Epicureia. Outros integrantes conhecidos seriam o poeta Aureliano Les-

---

15. FIGARI, Carlos. *@s outr@s cariocas*: interpelações, experiências e identidades homoeróticas no Rio de Janeiro — séculos XVII ao XX. Belo Horizonte: Editora UFMG; Rio de Janeiro: IUPERJ, 2007, p. 176.

sa (1828-1861) e o escritor Bernardo Guimarães (1825-1884), amigos seus. A sede seria na Chácara dos Ingleses, antiga moradia do inglês John Rademaker, propriedade ladeada por um cemitério. Nessa casa, haveria residido, por um tempo, Domitila de Castro (1797-1867), futura marquesa de Santos, conhecida pelo relacionamento com D. Pedro I (1798-1834).

Os estudantes, inspirados pelo byronismo, teriam se envolvido em rituais satânicos. Aos encontros, como aos da Maçonaria, compareceriam somente homens. Mulheres teriam sido excluídas, à exceção de mundanas eventualmente convidadas para indescritíveis libertinagens. Para grande parte dos que se debruçaram sobre a vida de Azevedo, essa versão verteu de imaginação fértil. No máximo, havia sido agremiação de jovens com a mente febril, algo banal entre os dessa faixa etária. Eles nunca teriam posto em prática o que, anos depois, se espalhou. Fofoca literária? A fama, no entanto, em parte, se originou dos próprios. Azevedo, Guimarães, Lessa, entre outros, botaram lenha na fogueira dos ávidos por narrativas de escândalo ao retratarem, em textos *ficcionais*, tipos licenciosos, bêbados e dados a experimentações pouco convencionais. Não precisava ser muita coisa naquele tempo. O limiar entre ficção e realidade pode ser bem demarcado, mas, algumas vezes, é tênue e sinuoso. Em 1888, o crítico Sílvio Romero (1851-1914) inferiu sobre a existência de exegeses antagônicas em voga:

> [...] *dois partidos: uns afirmavam que o moço escritor era um espírito meigo, delicado, virgem,*

> *puro e singelo, não conhecendo diabruras e irre-*
> *gularidades da vida senão pelos livros* [...]. *Outros*
> [...]. *Pintam o autor de* Noite na Taverna *como*
> *um monstrengo moral, um depravado, corrupto,*
> *ébrio, devasso, metido em extravagâncias e desati-*
> *nos de toda a casta.*[16]

Embora seja a mais verossímil, a versão *clean* pode ocultar tentativas de higienização com o propósito de produzir vidas respeitáveis para o cânone, dignas de figurar nos compêndios da literatura nacional. Por outro lado, a variante profana, carregada de descomedimentos, pode não ter desabonado sua imagem. Para os homens, aventuras sexuais, bebedeiras e correlatos poderiam servir de atestados de virilidade, ser vistos como ritos de passagem. Não pretendo aprofundar a análise sobre essas histórias mirabolantes ou não. Dando asas à imaginação, facilmente idealizaria cenários de homossocialização, que podem até ser historicamente concebíveis, mas que devem ser evitados. A carência de elementos documentais obriga à cautela. Sobre a sociedade, é bom que se diga que, embora tenha sido citada por José Ricardo Pires de Almeida (1843-1913) em *A escola byroniana no Brasil*, bem como em matérias jornalísticas[17], *a posteriori*, a tese de sua

---

16. ROMERO, Sílvio. *Álvares de Azevedo*. IN: BUENO, Alexei (Org.). Álvares de Azevedo: obra completa. Rio de Janeiro: Editora Nova Aguillar S. A., 2000, p. 30.

17. ALPHONSUS, João. O epicuresco Álvares de Azevedo. Suplemento literário III. *A Manhã*. 28/09/1942, p. 141.

existência não foi acolhida com braços abertos pela maioria dos críticos literários e dos historiadores. O político e escritor Homero Pires (1887-1962) limitou a existência da Epicureia ao ano de 1845, quando, doidivanas, alguns efebos "se trancaram numa casa, fecharam-lhe todas as janelas e, durante quinze dias, em companhia de mulheres perdidas, à luz mortiça dos candeeiros, aí praticaram os atos mais delirantes".[18] Dando crédito a Pires, Azevedo chegou a São Paulo anos depois do fim da sociedade.

Veiga Miranda, que atestou sua inclinação a aceitar lendas se melhores do que a realidade, usou algumas páginas para descrever "o solar infectado por tantas imoralidades ao tempo em que foi 'república de estudantes'"[19], embora acabe por afastar o poeta da imagem de devasso, inclinando-se a receber uma descrição feita por José Luís de Almeida Nogueira (1851-1914)[20], que retratou Azevedo como:

> [...] *jovem extremamente simpático, de mediana estatura, compleição débil, tez morena, de palidez macilenta, rosto imberbe, apenas ligeiro buço a sombrear-lhe o sobrelábio e a emoldurar-lhe a*

---

18. PIRES, Homero. *Álvares de Azevedo*: ensaio biobibliográfico. Rio de Janeiro: Oficina Industrial Gráfica, 1931, p. 15.

19. MIRANDA, Veiga. *Álvares de Azevedo*. São Paulo: Empresa Gráfica da Revista dos Tribunais, 1931, p. 141.

20. Nogueira foi um dos primeiros a duvidar veementemente da versão de que Azevedo teria nascido na biblioteca da Academia. NOGUEIRA, Almeida. *A Academia de São Paulo*: tradições e reminiscências. São Paulo: A Editora, 1909, p. 100-102.

face; olhar profundo impregnado de doce melancolia. [...] Não era, nem de longe, um tipo byroniano; antes uma fisionomia meiga e romântica, e de poeta lírico.[21]

Será que existe bom fundamento para a colocação de Mott, que elencou Azevedo entre os gays, ou a biografia de Azevedo será albergue da *lenda dessa paixão*, assim como foi doutros embustes? O nascimento na Academia e a participação na Sociedade Epicureia parecem não mais do que ficções robustecidas por dados propósitos. Do lavrado até aqui, indubitável foi a influência do byronismo na literatura e na vida.

Más influências?

Diante da conveniência em afastar desconfianças sobre a vida afetivo-sexual dos escritores, de eliminar quaisquer ameaças ao sistema de inteligibilidade binária (homem + mulher = reprodução), quando surgiram dúvidas sobre a conduta de Azevedo, a inspiração no londrino lorde Byron (1788-1824) apareceu como explicação primeva: afiliação/imitação comportamental e intelectual.

George Gordon Byron faleceu em 1824, aos trinta e seis anos, enquanto lutava na Guerra de Independência da Grécia. Não em consequência direta do conflito. Talvez vítima de uma uremia, comprometimento do fun-

---

21. MIRANDA, Veiga. *Álvares de Azevedo.* São Paulo: Empresa Gráfica da Revista dos Tribunais, 1931, p. 144.

cionamento renal. Curto tempo, suficiente para colocar o nome entre os poetas de maior reconhecimento no mundo. No olimpo dos românticos, especialmente dos denominados poetas do *mal do século*[22] — muitos deles boêmios, que vieram a óbito em plena juventude, vitimados pela tuberculose —, sua vida se assemelhou à não vida dos deuses greco-romanos, que não eram imunes aos sentimentos contraditórios e aos arroubos.

Em 1811, ele defendeu partidários do ludismo, um movimento de trabalhadores, a maioria tecelões, que tanto incentivavam quanto se envolviam diretamente na destruição das máquinas. A tecnologia passara a ser encarada com desconfiança, porque ocupava o lugar da mão de obra humana. Juntar-se aos proletários, presumivelmente, cerrou as portas para a vida política. Sorte a sua ter pavimentado seu caminho na literatura. Byron mancava em razão de um problema em uma das pernas. Coxo, talvez pela timidez que a condição causava, cedo se dedicou à escrita.

Arquétipo do jovem airoso, atraente, tinha o tipo de *sex appeal* que conquistou, desde cedo, sem discriminação de gênero ou sexo. As relações afetivo-sexuais com homens e mulheres, que levaram alguns autores a retrodenominá-lo como bissexual, inspiraram várias narrativas de escândalo. É notável que uns, reprovando a conduta pessoal, tenham se apegado a uma descrição

---

22. O ultrarromantismo também ficou conhecido como *mal do século*, expressão representativa da crise de valores sentida pelos jovens europeus, no século XIX, donde relatos de vazio existencial, melancolia, tristeza e tédio.

tortuosa de seu físico, como se esse devesse refletir o que ponderaram ser repreensível moralmente. Assim, Veiga Miranda escreveu que ele era feio e "defeituoso"[23].

Durante o período escolar, em 1805, em Harrow, Byron manteve breve relacionamento com John Thomas Claridge (1792-1868). Em Cambridge, no Trinity College, se encantou com vários colegas. Entre eles, o petiz John Edleston, de quem, conforme o historiador Amilcar Torrão Filho, o poeta carregou uma mecha dos cabelos até o fim da vida.[24] Não se sabe se houve reciprocidade. Talvez o amor platônico, pela insolubilidade, seja seguidamente o de mais longa duração. O pesquisador Colin Spencer inferiu que mesmo que a relação não tenha sido carnal, "com certeza foi intensamente romântica de ambos os lados".[25] Ao descrever a intimidade entre os rapazes, Veiga Miranda sugeriu que Byron "se deixou tomar de extrema amizade sentimental".[26] Merecendo versos "como se fosse uma namorada"[27], Miranda afirmou que Edleston

---

23. MIRANDA, Veiga. *Álvares de Azevedo*. São Paulo: Empresa Gráfica da Revista dos Tribunais, 1931, p. 171.

24. FILHO, Amilcar Torrão. *Tríbades galantes, fanchonos militantes*: homossexuais que fizeram história. São Paulo: Summus, 2000, p. 162.

25. SPENCER, Colin. *Homossexualidade*: uma história. Rio de Janeiro: Record, 1996, p.234.

26. MIRANDA, Veiga. *Álvares de Azevedo*. São Paulo: Empresa Gráfica da Revista dos Tribunais, 1931, p. 229.

27. MIRANDA, Veiga. *Álvares de Azevedo*. São Paulo: Empresa Gráfica da Revista dos Tribunais, 1931, p. 229.

não via os pés aleijados de Byron e nem esse, portanto, se envergonharia deles como o fazia diante das mulheres. Parece ser suposição de que relacionamentos com o mesmo sexo eram comportamentos residuais, práticas dos que não obtinham sucesso heterossexual por motivações diversas. Ideia semelhante está na base do conceito de *homossexualidade circunstancial*, que seria aquela típica de marinheiros — como no livro *Bom-Crioulo*, publicado, em 1895, por Adolfo Caminha (1867-1897) —, presidiários, alunos de internatos e seminaristas. Desfeita a restrição, findaria a inclinação.

Viajante costumeiro, dessas incursões sobreviveram os nomes de outros homens por quem o inglês nutriu afeto e desejo: o pajem Robert Rushton, o governante Ali Paxá, os jovens Eusthathius Georgiou, Nicolau Giraud e Loukas Chalandritsanos, rapazote que conheceu, em 1823, na Grécia — este um amor não correspondido. Muitos desses enlevos amorosos vieram a público pela leitura das correspondências trocadas, documentação fundamental para alcançar os encontros, porque Byron, em seus textos literários, tendia a encobrir o nome dos amados com pseudônimos femininos. Foi o que aconteceu com o nome *Thyrza*, que ocultou homenagens poéticas a Edleston.[28] Escritas entre 1806 e 1816, somente quatro foram redigidas antes da morte do jovem, que permaneceu na memória de Byron. Ao escrever para uma

---

28. FILHO, Amilcar Torrão. *Tríbades galantes, fanchonos militantes*: homossexuais que fizeram história. São Paulo: Summus, 2000, p. 162.

de suas confidentes, Elizabeth Pigot, Byron deixou indubitável seus sentimentos: "Eu certamente o amo mais do que a outro qualquer ser humano e nem o tempo e nem a distância têm tido o menor efeito na minha disposição (em geral) mutável".[29]

Esses contatos afetivo-sexuais foram razão de silenciamento de colegas de profissão, de editoras e historiadores, motivo suficiente para que não recebesse alguns reconhecimentos. A Abadia de Westminster, devido ao que interpretou como desregramento na vida pessoal, o deixou de fora da relação de poetas até 1969. É devido enfatizar que, ainda hoje, questões subjetivas limitam a entrada e a permanência, a ascensão e o reconhecimento profissional de pessoas LGBTQI+. O discurso meritocrata, sem valorizar os precedentes históricos que sustentam a desigualdade, escamoteia e esfumaça a existência de discriminação em processos seletivos e avaliações de desempenho. Ou devo considerar que Westminster o fez por não achá-lo talentoso?

A supressão da homossexualidade ficou evidente, também, na ocultação de poemas mais explícitos logo depois de sua morte. Spencer asseverou que alguns versos em homenagem a Loukas somente vieram a público em 1887.[30] Controverso para moralistas, não é difícil

---

29. SODERHOLM, James. *Fantasy, forgery, and the Byron legend.* Kentucky: The Unineversity Press of Kentucky, 1996, p. 87.

30. SPENCER, Colin. *Homossexualidade*: uma história. Rio de Janeiro: Record, 1996, p.235.

compreender as razões pelas quais entusiasmou a juventude outrora. O alcance entre os literatos brasileiros foi tamanho, embora digam que o pico foi efêmero, que se tornou comum dizer que haviam sido contagiados pelo *mal byronico*. Referência de aventura e transgressão, figuras similares foram inspiração para gerações diferentes da mocidade rebelde em tempos distintos.

Em conferência proferida em 13 de novembro de 1912, Armando Prado (1880-1956), bacharel em Direito e jornalista, inferiu ter sido no Colégio D. Pedro II que Álvares de Azevedo sentia que "por vezes lhe amargaram daquelas mágoas que Raul Pompeia descreveu com tão sombrio colorido e tão pungentes emoções, no Atheneo. Foi por entre os sofrimentos do internato que ele fez as primeiras tentativas poéticas e começou a envenenar-se lendo Byron e Musset".[31]

Nos mais diversos âmbitos — familiares ou públicos, populares ou elitistas, laicos ou religiosos —, tem sido frequente a culpabilização de terceiros por algo que acreditam errado nos seus. Os *amigos*, as *más influências* têm as costas largas. Sobre seus lombos, o peso de diversas perversões. Para explicar *desvios* da sexualidade cis-heteronormativa, não há pessoas mais propícias. Para quem tem passabilidade; para quem vive no armário o dia inteiro ou somente até o pôr do sol, esse tipo de escusa, em certa medida, tem sido funcional. A experiência homossexual flagrada pode ser justificada como

---

31. PRADO, Armando. Álvares de Azevedo. IN: Sociedade de Cultura Artística (Org.). *Conferências 1912-1913*. São Paulo, 1914, p. 46.

acidental. Ato ao qual o indivíduo foi levado pelo grupo de convívio, portanto, visto como passageiro ou superado. O afastamento dos amigos ou de um bode expiatório será exigido. São estratégias de sobrevivência — embora perversas. Leituras *proibidas* podem ser entendidas no mesmo sentido. Autores nomeados malditos são alvo de censura privada e/ou pública.

Álvares em travesti

Além de Byron, Álvares de Azevedo era fã de Amandine Aurore Lucile Dupin (1804-1876), que "num dia *spleenético* pisou as sedas com que o homem decorou a fraqueza feminil".[32] Mulher à frente de seu tempo, a francesa fumava em público, o que era considerado pouco apropriado para alguém do seu sexo. A escrita também era pensada como algo majoritariamente masculino. Destarte ela adotou o pseudônimo George Sand, garantindo acesso e respeito no mundo das letras, disfarce que não durou muito, embora tenha preservado a alcunha.

Além de fumar e de trocar o nome, era vista com *roupas entendidas como sendo para o sexo oposto*. Furiosos debates foram feitos, por exemplo, sobre a *natureza* das calças compridas, donde é possível notar como algo culturalmente estipulado pode se naturalizar ao ponto da paranoia. Sand as utilizava por serem mais práticas e

---

32. AZEVEDO, Álvares de. George Sand: Aldo o rimador. IN: BUENO, Alexei (Org.). *Álvares de Azevedo:* obra completa. Rio de Janeiro: Editora Nova Aguillar S. A., 2000, p. 662.

menos caras, conforme afirmava. Essa resposta pode ter sido engenhoso contorno a outra, mais simples, mas que não seria bem recebida: *Porque eu gosto*. Vestir-se dessa forma era proibido legalmente. Curiosamente, uma lei de 1800, que permitia o uso de calças pelas francesas somente se autorizadas pela polícia, foi oficialmente extinta em 2013, ou seja, ontem. Evidentemente, não era mais reivindicada desde há muito.

A escritora manteve relacionamentos com vários homens. Divorciou-se de François-Casimir Dudevant (1795-1871), com quem teve dois filhos, em 1836. Foi amante de artistas como Jules Sandeau (1811-1883), Alfred de Musset (1810-1857) e Chopin (1810-1841). A amizade com a atriz Marie Dorval (1798-1849) rendeu rumores jamais confirmados de uma união lésbica.

Embora exista uma peleia sobre a veracidade da narrativa, indícios consideráveis revelam Azevedo deixando sua própria história marcada pelo *uso de roupas vistas como femininas*. Consta que, sempre reclamando dos bailes pouco apurados que aconteciam em São Paulo, não gostava de se fazer presente. Mesmo mostrando inconformidade com a falta de cosmopolitismo, da leitura das cartas trocadas com amigos e familiares — a família residia em Niterói — foi possível perceber que bailes, representações teatrais e tertúlias eram das únicas formas de entretenimento disponíveis. Assim, de vez em quando, Azevedo comparecia.

Em obra lançada por Magalhães Júnior, o caso foi citado a partir de duas fontes. A primeira seria oriunda do relato do biógrafo, médico e integrante do Instituto

Histórico e Geográfico Brasileiro (IHGB) Luís Felipe Vieira Souto (1906-1964), que trouxe a lume, em 1931, cartas da mão de Azevedo até então não publicizadas. Souto contou, em conferência no IHGB, que o poeta foi a um baile de Carnaval, em 1851, quando "apresentou-se fantasiado de mulher, a intrigar ministro europeu aqui acreditado e pretendente à mão de uma de suas irmãs: Mariana Luísa".[33] Prosseguindo, o conferencista informou: "[...] neste baile o ministro apaixona-se pela mascarada e, crendo-a dama de costumes fáceis, proporciona-lhe uma belíssima ceia, à espera de maiores favores. Álvares de Azevedo continua representando o seu papel feminino até que, alta madrugada, os dois a sós... desvenda o mistério".[34]

À esteira de Magalhães, Vicente de Paulo Vicente de Azevedo (1895-1979), por sua vez, descreveu a cena a partir do que teria sido repetido pelo poeta, que teria contado a pilhéria a familiares e conhecidos:

> [Álvares de Azevedo...] *descrevia o preparo minucioso de toalete, a meia máscara de veludo preto, deixando ver a boca rubra de carmim, os olhos negros, na sombra da máscara. Mais moço, o rosto mais cheio, imberbe, e pele fina, as mãos pequeninas — tudo fazia supor uma linda e galante mulherzinha... Como riam todos, ouvindo, deliciados,*

---

33. JÚNIOR, R. de Magalhães. *Poesia e vida de Álvares de Azevedo.* São Paulo: Editora das Américas, 1962, p. 178.

34. JÚNIOR, R. de Magalhães. *Poesia e vida de Álvares de Azevedo.* São Paulo: Editora das Américas, 1962, p. 178.

> *o logro do embaixador francês, a lhe dizer madrigais, a pedir, a rogar, a exigir, numa insistência louca. E as recusas dele, em falsete, a esquivar-se do D. João serôdio* [...].[35]

Essa história, conforme bem apontou Magalhães Júnior, foi eleita para permanecer na memória dos familiares.[36] Replicada oralmente, pode ter sido pintada a cores mais fortes ou menos intensas ou diferentes daquelas do ocorrido. Como saber? O filósofo Friedrich Nietzsche (1844-1900), em fragmento póstumo, argumentou: "Não existem fatos, apenas interpretações". Nesse sentido, assim que algo acontece, ao passar pela linguagem, que o conforma ao significado das palavras, deixa de existir como se deu para dar lugar a versões.

Não há erro intencional em grande parte das variantes. No entanto, enquanto é possível aceitar contingências humanas, que a neurociência, em parte, explica, a criação das *fake news* modernas e diversos factoides de antanho não passam de atos criminosos, tendo por objetivo, desde a gestação, iludir. No caso de Azevedo, terá sido traquinagem da memória, deliberada invencionice ou relato fidedigno?

---

35. JÚNIOR, R. de Magalhães. *Poesia e vida de Álvares de Azevedo.* São Paulo: Editora das Américas, 1962, p. 179.

36. Vieira Souto era parente distante de Álvares de Azevedo. Magalhães Júnior também elencou Vicente de Paulo Vicente de Azevedo como parente, mas parece ser algo como primo em sexto grau, o que, para o último, era algo tão distante que não deveria contar.

Uma arara para o conde Fé d'Ostiani

O diplomata ludibriado, segundo Vieira Souto, teria sido o conde Fé d'Ostiani (1825-1905)[37], representante do Reino das Duas Sicílias. Conforme outras fontes, ele representava a Sardenha e, posteriormente, a Itália. No Brasil, teria cortejado Mariana, irmã de Azevedo. Sabe-se que, desse encontro, nasceu uma amizade, porque Azevedo o homenageou em algumas poesias, bem como comentou sobre certa convivência em cartas para a mãe.

Magalhães Júnior duvidou da veracidade da narrativa. Sustentou-se em suposições de que, conhecendo o caráter duvidoso de Fé d'Ostiani, Azevedo não teria lhe reservado tantas gentilezas; de que, se fosse real, o poeta teria contado a história em uma das tantas cartas à sua progenitora, a confidente mais constante; de que as relações entre os dois, se tivesse acontecido tal fato, estariam estremecidas e não a pleno vapor.[38] Magalhães Júnior esqueceu de se ver no lugar privilegiado do analista distante temporalmente do ocorrido. Ao olhar retrospectivamente sobre o personagem histórico, conseguiu divisar falhas de caráter, provavelmente a ganância, conclusão diante de acontecimentos que se darão na sequência da vida de Fé d'Ostiani. Tal consideração

---

37. O nome correto é Alessandro (ou Alexandre) Fé d'Ostiani (1825-1905). Cavaleiro da Cruz de Ouro da Ordem de Malta, foi representante da Sardenha, depois cônsul da Itália.

38. JÚNIOR, R. de Magalhães. *Poesia e vida de Álvares de Azevedo*. São Paulo: Editora das Américas, 1962, p. 183.

dificilmente poderia ter sido aventada à chegada do estrangeiro ao Brasil.

Pouca consistência há, tampouco, em acreditar que as correspondências davam conta de todos os pormenores da vida dos interlocutores. Sobre a estima, no século XXI, Heidi Reeder dirigiu uma pesquisa, na Boise State University, buscando ver a relação entre amizade e sexo, concluindo que ter contato sexual com amigos poderia fortalecer os laços do sentimento que os une. Evidentemente, Reeder entrevistou apenas 300 pessoas, nos Estados Unidos. O resultado, em 2018, foi que 76% disseram que a amizade melhorou.[39] Levar essa pesquisa ao passado é bem problemático, mas como descartar as chances da camaradagem fortalecida por pequenos segredos?

De Fé d'Ostiani, pelas memórias do viajante francês Maurice Ternaux-Conpans (1846-1930), sabe-se de seu casamento com Rita Maria de Souza Breves (1833-1866), filha do comendador Joaquim José de Souza Breves (1804-1889), conhecido como "rei do café", grande fazendeiro que locupletou com o uso de mão de obra escravizada. Da união, nasceu uma filha de nome Paulina. Quando Rita faleceu, na Europa, em 28 de fevereiro de 1866, Fé d'Ostiani teria usado a filha para conseguir dinheiro com a família do sogro. Sabedora da estratégia, a avó de Paulina teria planejado o sequestro da pequena,

---

39. CASTRO, Carol. *Fazer sexo com o amigo melhora a amizade.* Superinteressante. Disponível em: < https://super.abril.com.br/blog/cienciamaluca/fazer-sexo-com-amigo-melhora-a--amizade/ > . Acesso em: 22/03/2020.

operacionalizado por escravizados da família. Fé d'Ostiani recorreu à polícia imperial brasileira, que não obteve êxito na recuperação da menor. A filha acabou criada pelos avós.[40] Um verdadeiro imbróglio diplomático.

Em 1977, Vicente de Azevedo refutou o diz que diz sobre feminilidade em Álvares de Azevedo. Apesar de concordar que o poeta possa não ter tido experiências com mulheres, foi categórico: "Foi homem no físico, no moral e no intelecto".[41] Refletindo sobre a memória familiar, que inventara ou guardara o caso do baile, asseverou que "verdadeiro, ou não, este passo da vida do poeta merece ser analisado, pelo muito que encerra de sugestivo, em especial, o travesti".[42] Ele supôs que Fé d'Ostiani e Azevedo tenham sido amigos porque, além de o poeta ter dedicado uma poesia intitulada *Itália* ao conde, ficou incumbido por este de lhe conseguir uma arara falante. Deveras, não é uma tarefa que se solicite a qualquer um.

Ao ver que Magalhães Júnior havia reservado um capítulo de livro para discorrer sobre a "fantástica aventura", Vicente de Azevedo, grávido de certo preciosismo

---

40. TAUNAY, Affonso d'Escragnolle. *História do café no Brasil*. Volume Oitavo: 1872-1889, Tomo VI. Rio de Janeiro: Departamento Nacional do Café, 1939, p. 282. Disponível em: < https://archive.org/stream/historiadocafnob1939vol8/historiadocafnob1939vol8_djvu.txt >. Acesso em 28/10/2019.

41. AZEVEDO, Vicente de Paulo Vicente de. *Álvares de Azevedo desvendado*. São Paulo: Livraria Martins; Brasília: INL, 1977, p. 83.

42. AZEVEDO, Vicente de Paulo Vicente de. *Álvares de Azevedo desvendado*. São Paulo: Livraria Martins; Brasília: INL, 1977, p. 127.

com o os verbetes, sugeriu que teria sido melhor se Magalhães Júnior tivesse utilizado "fantasiosa", adjetivo mais adequado para o que pensava não passar de invencionice. Por sua vez, preferia intitular o subcapítulo no qual discorreu sobre o assunto, em seu próprio livro, como "a estranha aventura"[43], o que acabou sendo preterido por "Fantasia? Ou realidade?"

A Vieira Souto, Vicente de Azevedo acusou de enfeitar demasiado a história em um livro denominado *Reflexos de uma pálida sombra no Romantismo brasileiro*, publicado, em edição própria, em 1950, texto em que teria tornado ao tema por duas vezes. A primeira confere com a descrição de Magalhães Júnior apresentada acima. Na segunda, Souto afirmou que "o conde de Fé teve pretenções (sic) a ser cunhado de Álvares de Azevedo, tendo sido no baile de Carnaval de 1852 no Cassino tateado por ele em travesti; foi a última brincadeira de Manoel Antônio".[44]

Para Vicente de Azevedo, Vieira Souto se equivocou no ano, posto que o poeta faleceu em abril de 1852. Azevedo haveria sofrido uma queda de cavalo em março, ainda nas férias em Itaboraí. Sentindo muitas dores, teria sido diagnosticado com um tumor na fossa ilíaca. Operado sem anestesia por dois médicos italianos, faleceu no dia 25 do mês seguinte. Como *causa mortis*, no atestado constou enterite com perfuração do intestino.

---

43. AZEVEDO, Vicente de Paulo Vicente de. *Álvares de Azevedo desvendado*. São Paulo: Livraria Martins; Brasília: INL, 1977, p. 127.

44. AZEVEDO, Vicente de Paulo Vicente de. *Álvares de Azevedo desvendado*. São Paulo: Livraria Martins; Brasília: INL, 1977, p. 183.

Controvérsias não faltaram. Homero Pires defendeu que a queda do cavalo piorou um quadro de tuberculose, mal que estaria enfrentando havia algum tempo.[45] Alguns disseram não haver provas do acidente com o cavalo. Outros negaram não ter existido anestésico na cirurgia — complicando a versão do homem forte, do sujeito viril, que prescindiu do entorpecimento para enfrentar dor atroz. Vicente de Azevedo cogitou sífilis adquirida em desregramentos sexuais. A doença venérea decorrente de relacionamentos heterossexuais parece calhar para descartar buchichos de afeminação.

Souto também teria escorregado ao considerar Fé d'Ostiani um imbecil facilmente ludibriado. Souto aparentemente se baseou em uma entrevista que o próprio Vicente de Azevedo realizou com Maria Francisca Álvares de Azevedo Amaral, irmã do poeta. A história, portanto, teve uma única fonte. Maria Francisca haveria rejeitado diversas opiniões correntes sobre o irmão. Asseverou, entre outras coisas, que ele não fumava e que não era dado a beber.[46] A exposição sobre o baile de máscaras teria sido feita para dar conta da interpelação sobre a suposta melancolia de Álvares de Azevedo, que a irmã parecia predisposta a minimizar. Seu intento? Demonstrar que o irmão tinha rompantes de alegria e jovialidade.

---

45. PIRES, Homero. *Álvares de Azevedo*: ensaio biobibliográfico. Rio de Janeiro: Oficina Industrial Gráfica, 1931, p. 23.

46. Talvez Maria Francisca tenha tentado fixar uma imagem do irmão higienizada das lendas de libertinagem, bebedeiras e ▶

Convenha-se que a melancolia, a tristeza, o desalento e a angústia — caso não tenham representado tão somente recursos literários, um *tipão* romântico ou *mise-en-scène* byronista — poderiam ser bem mais profundos em tempos em que não existiam medicamentos para simular felicidade constante. O crítico literário Arturo Farinelli (1867-1948) teria escrito que "a vontade operosa é indício de saúde, e os românticos entediados se obstinam a não querer; o grande trabalho se reduz em cavar em si mesmo, para aí encontrar perenemente o vácuo e conceber um meio impossível para preenchê-lo".[47] O desejo de imersão em estado de tédio se materializa em enfado físico e psicológico em alguns casos? Viagens e álcool foram paliativos para um magote de escritores românticos — vivenciando o *spleen* ou transtornos depressivos de fato.

Muitos assentaram que, dada a quantidade de escritos quando da morte, não poderia ter sobrado tempo a Azevedo senão para estudos e redação. Um pensador e escritor gaúcho, em constante estado de excitação mental, diagnosticado incertamente como doente psíquico, escreveu sobre a impressão que um estudante fechado em si mesmo poderia deixar nos colegas de aula, no Rio Grande do Sul, em 1850. O registro de

---

▶ fumo. De qualquer forma, mesmo sendo irmã, é improvável que soubesse de todos os comportamentos do irmão enquanto este estudava longe da família.

47. MIRANDA, Veiga. *Álvares de Azevedo*. São Paulo: Empresa Gráfica da Revista dos Tribunais, 1931, p. 11.

Qorpo Santo (1829-1883) serve para pensar sobre as provas de masculinidade exigidas então: "Tive um colega que (em 1850) convidava-me instantemente para acompanhá-lo em suas extravagâncias; e como costumava responder-lhe que tinha que estudar, acusou-me de não ser um homem! Como se, para sermos homens, precisássemos também ser — extravagantes!"[48] O excerto, acredito eu, não só informa o esperado de um homem, que deveria farrear, mas mostra esse mesmo sujeito preocupado em afirmar que suas escolhas não apagaram a masculinidade — o que não deixa de provocar certo tensionamento.

Maria Francisca, que não revelou o nome do diplomata envolvido, o que foi deduzido depois, fez com que aquilo que era, antes, uma anedota familiar, de foro íntimo, fosse registrado, viesse a público, e, na sequência, fosse evocado com cada vez mais constância. Vicente de Azevedo concluiu que, se fato, poderia ter ocorrido em 1849, ano da chegada de Fé d'Ostiani ao Brasil. Caso Azevedo e Fé d'Ostiani tenham se encontrado em 1849, o último era um rapagão de 24 anos de idade. Azevedo estava com 17 ou 18 anos. Ter o primeiro sido engambelado por um moçoilo travestido não parece afastável, ainda menos quando Azevedo costumava ser descrito com físico *mignon*, o que poderia facilitar a *confusão*.

---

48. SANTO, Jozé Joaqin de Campos Leão Qorpo. *Ensiqlopedia*: ou seis mezes de uma enfermidade. Volume I, p. 115. Porto Alegre: Imprensa Literrária, 1877.

Em um baile regado com bebidas, a probabilidade de algo do tipo — pela razão que for — não é desprezível. Dentro do universo especulativo, é possível extrapolar: houve logro? Uma brincadeira pode exceder seu propósito inicial? Por que Azevedo levou tão longe a aldrabice, a ponto de ficarem os dois a sós? Embriagados, entenderam-se a ponto do indizível? Para um lado ou para outro, basta puxar a corda. Historiadores, no entanto, têm o dever ético de alertar para os riscos de lançar perguntas como essas ao público. A imaginação, em geral, ganha terreno fértil, enquanto a razão é jogada em solo árido.

Do até agora dito, penso ser aproveitável procurar compreender as forças congregadas e aplicadas no sentido de afastar Azevedo de qualquer constituição feminina, em especial da figura do travesti. Certamente, no período em que essas ponderações foram feitas, qualquer orientação sexual não hegemônica, no homem, era concebida como feminização. Nota-se, ressalvadas as divergências, que foram autores, em geral homens, que teceram as notas, conectados, por fim, pelo incômodo com aquilo que viram com potencial de mácula a uma imagem ideal do poeta: um machão.

Sobre a arara? Bom, em 17 de abril de 1851, Azevedo enviou uma carta à mãe informando: "Saí hoje à procura da encomenda do Fé. Achei um papagaio bem falante. Quanto à arara o negócio se complica. Ajustei uma que fala muito, e até dança... mas é cega de um olho! Fui ver outra também afamada, mas tem uma asa quebrada.

Contudo não desespero de mandar-lhe a arara. Dê muitas e muitas lembranças ao Fé [...]".[49]

As cartas *comprometedoras*

Comprometer, aqui, significa colocar em situação embaraçosa. Constrangimento, sensação de incriminação, consequência da pressão de valores expressos e tácitos de uma sociedade. Identidades de gênero ou orientações sexuais não hegemônicas, retraimento e vergonha são velhos conhecidos — infelizmente. Em livros ficcionais ou não, a homossexualidade pode ser transmutada em algo *puro* — a não ser que desvelada, como parece ter acontecido com a publicidade do estratagema adotado por lorde Byron ao transpor o nome do amante Edleston do masculino para o feminino *Thyrza*.

Nas missivas de antigamente, muitas vezes, não restou abrigo ao pudibundo. O modernista Mário de Andrade, apesar de sua homossexualidade não ser ignorada por seus pares[50], somente falou sobre o assunto em carta a Manuel Bandeira (1886-1968). Enviada em 07/04/1928, essa correspondência permaneceu chaveada na Casa Rui Barbosa, no Rio de Janeiro. O acesso público foi autori-

---

49. AZEVEDO, Vicente de Paulo Vicente. *Cartas de Álvares de Azevedo*: volume I. São Paulo: Academia Paulista de Letras, 1976, p. 181.

50. Os escritores Moacir Werneck de Castro (1915-2010) e Rachel de Queiroz (1910-2003) são dois dos que afirmaram perceber a homossexualidade no convívio com Mário de Andrade.

zado em 2015, após um pedido feito à Justiça pelo jornalista Mário Bortoloti. A então presidente da casa, Lia Calabre, explanou que a restrição fora desejo da família do escritor.[51] Tanto foi que, quando publicada a correspondência entre Andrade e Bandeira, em 1966, o trecho foi retirado. O poeta também discorreu sobre a reputação que tinha de ser homossexual ao escritor Sérgio Milliet (1898-1966), em epístola datada de 30/05/1923.[52]

Para compor esta seção, recorri às cartas de Azevedo a Luiz, as reunidas nas *Obras completas*[53], edição da Garnier, de 1862, fazendo ajustes para a ortografia atual. O título do capítulo da compilação é interessante: *Fragmentos de cartas do autor ao Sr. Luiz Antônio da Silva Nunes.* Fragmentos? Faltam peças ao quebra-cabeças? O que decidiram deixar de lado? Quem? O editor, a família ou Luiz — ou todos? Vicente de Azevedo, ao relacionar

---

51. BOECKEL, Cristina. *Mário de Andrade cita 'tão falada homossexualidade' em carta proibida.* Fonte: http://g1.globo.com/pop-arte/noticia/2015/06/mario-de-andrade-cita-tao-falada-homossexualidade-em-carta-proibida.html 18/06/2015. Acesso em 06/10/2019.

52. VERGARA, Jorge. *Homoerotismo e subalternidade em Pauliceia Desvairada.* Remate de Males, 38(2), 885-918, 19/12/2018. Disponível em: https://periodicos.sbu.unicamp.br/ojs/index.php/remate/article/view/8651067. Acesso em 19/12/2019.

53. AZEVEDO, Álvares de. *Obras de Manoel Antônio Álvares de Azevedo precedidas de um discurso biográfico e acompanhadas de notas pelo Sr. Dr. Jacy Monteiro.* Tomo I. Rio de Janeiro: Livraria de B L Garnier, 1862.

Luiz entre os colegas de aula do poeta, disse acreditar que "as cartas foram mandadas, em original, para a tipografia, depois de mutiladas por vários cortes".[54] Fosse mesmo um quebra-cabeças, seria fácil adivinhar o que falta à observação do todo, mas não é assim que funciona com correspondências. Lamentavelmente, não saberemos o conteúdo das lacunas, o que editores ou familiares ou amigos preferiram deixar de lado, os critérios para a seleta. É oportuno lembrar que o grupo LGBTQI+, em razão das moralidades excludentes, talvez seja dos que mais sofreu com a destruição de arquivos. Material capaz de refletir as nuances de diversas personalidades, das quais se poderia depreender que as expressões afetivo-sexuais sempre foram múltiplas.

Na primeira carta escrita em São Paulo, endereçada em 11 de maio de 1848, Azevedo comentou: "Não penses também, Luiz, que tenha eu aqui algum novo amor. Não. [...] não encontrei aqui uma mulher — uma só — por quem eu pudesse bater de amores". Entre os motores do desinteresse de Azevedo pelas lindas paulistanas, Sílvio Romero arrolou a timidez e a idealização em demasia da mulher, quase divinização do feminino. A despeito da introspecção na vida pessoal e das reiteradas santas e anjas em seus textos, Romero arrematou, concluindo, que tudo ainda poderia ter tido vez, não fosse a morte prematura.[55] Essa resposta serviu de norte a muitos estu-

---

54. AZEVEDO, Vicente de. *O noivo da morte:* Álvares de Azevedo. São Paulo: Clube do Livro, 1970, p. 74.

55. ROMERO, Sílvio. Álvares de Azevedo. IN: BUENO, Alexei ▸

diosos que se depararam com encruzilhadas. Responde? Sim. Mas é, também, uma saída à francesa de qualquer debate. A dificuldade em encontrar alguém que o atraísse entre as mulheres é admissível. Em contrapartida, é gérmen de dúvida: mulheres que o atraíam?[56]

Na segunda carta, escrita em São Paulo, em 20 de julho de 1848, Azevedo reclamou da solidão:

> *E então, meu Luiz, eu senti como que exalar-se de mim também um hino de tristeza, lânguido como um adeus — mas, se de lágrimas, menos amargas. — E esse cântico, esse pensamento tão doce a incensar-me a mente, era uma ideia de saudade, — e eras tu. E bem longos três meses têm ainda de correr até que esta minha saudade se cale. Ela é doce — decerto —, que é bem doce o pensamento de ter-se um amigo ainda que ausente: é bem doce, mas de uma tristeza despedaçadora que prostra o coração.*
>
> "Meus prazeres
> Foram só meus amigos, — meus amores
> Hão de ser neste mundo eles somente."
>
> G. Dias [57]

▶ (Org.). *Álvares de Azevedo*: obra completa. Rio de Janeiro: Editora Nova Aguillar S. A., 2000, p. 33.

56. Deve-se, evidentemente, perguntar se ele era suficientemente interessante para as mulheres. Veiga Miranda conclui que era atraente fisicamente.

57. Trecho do livro *Primeiros cantos* (1846), de Antônio Gonçalves Dias (1823-1864).

> *Se eu quisesse algum dia descrever o sentimento — como eu o experimento — da amizade, não acharia certo dois versos que o traduzissem melhor.*

Foi nessa missiva que o poeta, ao mencionar a dificuldade em encontrar quem pudesse ler seus escritos, deixou evidente que Luiz lhe parecia competente. A sensibilidade para a literatura de vez em quando é apontada como feminil, mas, como era atividade quase exclusiva de homens, desassociá-la da masculinidade era, em geral, resultante de embate entre mundos diferentes: pastoril e urbano, mental e braçal. Esse tipo de conflito levou à fama de que Pelotas era uma cidade gay, quando, ao final do século XIX, os filhos dos ricos produtores de charque da cidade voltaram da Europa, onde tinham ido para estudar, com roupas e ademanes incompreensíveis para o rústico trabalhador local.

Muitos dos versos de Azevedo, por demasiado longos, não foram copiados para envio, ficando em separado, aguardando o mês de outubro, quando, pela previsão do poeta, juntos os leriam. Em 26 de julho de 1848, extensa poesia foi destinada a Luiz. Azevedo o alertou de que, provavelmente, não gostaria do rumo na segunda parte, quando se inclinou para o byronismo. Em 23 de agosto de 1848, o poeta iniciou uma missiva declarando "Tenho aqui três cartas tuas", o que indica ter recebido vasta contraparte. Desse material, como comentei anteriormente, não há notícias. A um pedido em uma dessas cartas surrupiadas à História, o poeta respondeu que não poderia lhe enviar *O conde*

Lopo[58] por ser grande demais. O rogo e a negativa elucidam que Luiz não somente se mantinha a par dos avanços de Azevedo, como gostava de ler o que ele escrevia. Em 27 de agosto, nova epístola. Dessa feita, Azevedo comentou sobre os avanços na tradução de *Parisina*, de Byron, que seria dedicada "a meu amigo Luiz Antônio". "Eu creio que não acabarei a tradução, mas o que é feito é teu e só teu: é por isso que te mandarei. Cada qual dá o que tem — dar-te-ei versos, já que só isso que tenho", prosseguiu.

Em 4 de setembro de 1848, Azevedo remeteu um texto inacabado, clamando a Luiz que cuidasse para não perder a única cópia. Não é preciso imaginar a cumplicidade e confiança entre os dois para que mandasse o original. A missiva de 18 de abril de 1849 foi acompanhada de resposta a uma queixa de Luiz. É possível vislumbrar reciprocidade de sentimentos, mas também certa tensão na relação:

> *Queixas-te de mim. Dizes-me que te esqueço. E contudo não tens razão. Fui e sou teu amigo. — Enquanto aqui dentro do peito bater-me quente o coração, teu nome acordará nele uma pulsação; enquanto houver vida em minha alma, haverá nela uma lembrança tua. Bem vezes t'o hei dito — na hora senão alegre, ao menos de esperança t'o disse — agora, na hora senão triste, ao menos na hora da solidão, eu t'o repito. Versos, Luiz! pedes-me versos*

---

58. Trata-se de um poema narrativo, que foi publicado postumamente, em 1886.

*meus! Pudera-tos eu dar para ler, se aqui estivesses, até enjoar-te; mas nem eu os leio — **truncados em meio, sem fim às vezes**, nasceram-me eles, como esses sentimentos d'alma que um importuno quebra, como um desses sonhos **doirados** que em meio se apagam. Para mim ali há uma tradução, embora infiel, um reflexo, embora embaciado, do que se me passa aqui no fundo d'alma; para os outros, para ti mesmo que eu não classifico entre os outros, talvez nada lá haja — talvez os aches frios e secos, quando ao escrevê-los nem sabes quanta quente lágrima orvalhou-me o papel! Perguntas-me por que não te deixei meus versos. Dir-to-ei. Não foi falta de confiança em ti — longe de mim, longe de ti tal ideia. — Mas tu vês, Luiz, aqui nesta minha solidão, neste exílio de tudo quanto de caro para mim vive aí nesse mundo, só eles me restam — neles acho eu muita recordação doce, muita lembrança de muita cismada ventura. Acontece às vezes que depois de lê-los eu os **atiro**, às vezes rasgo-os, mas ao menos antes me haviam eles concedido sonhar — e, às vezes, ao lê-los uma lágrima fresca me correra do mar de dor que me alaga o cérebro...*[59]

De 1º de março de 1850, do Rio de Janeiro, a última carta das reveladas a público. Por sumarizar boa parte

---

59. Grifos meus. Evidenciam diferenças entre o publicado nas *Obras completas* e o que, mais recentemente, foi organizado por Alexei Bueno. *Nem eu os leio — truncados em meio, sem fim às* ▶

dos eixos em torno dos quais existência terrena e criação literária têm sido ruminados, segue na íntegra:

> Recebi uma carta tua, escrita lá do Rio Grande logo à tua chegada. Por uma outra que escreveste ultimamente ao meu primo, me anunciavas uma carta no correio. Lá fui, e não achei-a. Não irás, pois, a S. Paulo comigo. Dois anos tive eu lá como provação; eras-me o consolo, esperança (ai! que bem pobre esperança, que assim tão leviana se foi!) viver lá contigo... Luiz, há aí não sei que no meu coração que me diz que talvez tudo esteja findo entre nós. — Será uma mentira, uma dessas gotas de fel que se embebem no cérebro como uma loucura, ou um pressentimento — negro embora — verdadeiro como o primeiro pio da procelaria aos prelúdios do vendaval por mar alto? Tudo talvez esteja findo. — Minha amizade, Luiz, talvez tenha de viver-se de novo daquele meu passado de dois anos, de saudades. — Saudade — exprime a mágoa da separação, o desejo de tornar a ver-se, talvez um laivo de luz de esperança de porvir mais belo, não, Luiz? Não tenho passado ocioso estas férias, antes bem trabalhadas de leitura tenho-as levado. Nesse pouco espaço de três meses escrevi um ro-

---

▸ *vezes*, não apareceu na edição recente. *Doirados* foi modificado para *doidos*. Por fim, *atiro* foi complementado com *fora* na edição de Bueno.

mance de duzentas e tantas páginas; dois poemas, um em cinco e o outro em dois cantos; uma análise do Jacques Rolla *de Musset; e uns estudos literários sobre a marcha simultânea da civilização e poesia em Portugal — bastante volumosos —; um fragmento de poema em linguagem muito antiga, mais difícil de entender que as* Sextilhas de Frei Antão *— noutro gosto porém, mais ao jeito do* Th. Rowley *de Chatterton. A essa minha agitação de espírito sobrevém-me, às vezes, um marasmo invencível, horas daquelas que os navegantes temem, em que a calmaria descai no mar morto, e as velas caem ao longo dos mastros. Falei-te sempre e sempre com a mão no coração — se algum dia eu morresse moço ainda, na minha febre de ambiciosas esperanças, se — pobre imaginação de poeta — o gelo da morte me corresse no* **lavoso**[60] *do cérebro, há em algumas das minhas cartas a ti uma história inteira de dois anos, uma lenda, dolorosa sim, mas verdadeira, muito verdadeira, no seu pungir de ferro, como uma autópsia de sofrimentos. Luiz, é uma sina minha que eu amasse muito, e que ninguém me amasse. Eis a ironia que aí me veem no meu acabrunhar sombrio, nesse meu não crer do que os outros creem — chamam-me frio, julgam que o egoísmo e o orgulho mo gelara inteiro o néctar, que se chama a alma, daquela ânfora maldita que*

---

60. Na *trama* do cérebro na edição compilada por Bueno.

se chama a vida! Ontem estive n'um soirée. Nada, aí como sempre, me divertiu. Quando o tédio vem de dentro, não é o sorrir dos bailes que possa adoçá-lo. Quando a mágoa é funda e erma; quando o coração ressecou, não é o banho de fogo de um olhar que possa revivê-lo! Às vezes ainda — e hoje na minha solidão é essa minha ventura — quando a mente se me embebe no ebrioso de uma cisma, quando me passam na alma sonhos de homem que não dorme, que se chamam poesia, eu ainda sinto reabrir-se meu peito a amores de mulher. — Parece que, se aquela beleza de olhos e cabelos negros, do largo colo em que lhe flutuam, desatasse com seus dedos macios e finos aquelas sedas do roupão — se eu aí repousasse essa febre da fronte que me dói, esse queimar de um cérebro que se me afoga, eu poderia ainda ter vida — bastante para desvivê-la aí no voluptuoso de um espasmo, para morrer aí na loucura de um sonho de beijos... E quando, ante uma forma alva de loira, na limpidez de uns olhos transparentes e azuis como o mar, eu leio o que vai de pureza, o que há de areias d'oiro sob aquele esmalte diáfano de vaga, então, como o Fausto *de* Goethe *na alcova de* Margarida, *há uns eflúvios magnéticos que me avivam o já morto palpitar de minhas fibras — oh! então eu espero ainda... Mas em geral, o que às vezes ainda me aviva o pulsar mais trépido do sangue é a voluptuosidade que se me vislumbra numa mulher donairosa, numa da-*

*quelas que parecem feitas por Deus como estátuas
para rezar-se-lhes ao sopé, para pedir-lhes, como
a Vênus lasciva, uma hora — uma só — de gozo...
São sonhos — sonhos! Luiz! É loucura abrir tanto as
asas de anjo do coração a essas brisas enlevadas
que, à tarde, vêm tão sussurrantes de enleio, tão
impregnadas de aromas de beijos! É loucura! E contudo, quando o homem só vive deles — quando aí
todas as portas fecharam-se ao enjeitado, por que
não ir bater no só da noite ao palácio de fada das
imaginações? Há uma única cousa que me pudesse
dar hoje o alento que me morre. — Que me morre... — disse eu; não creias que minto. Todos aqui
me estranham este ano o taciturno da vida e o peso
da distração que me assombra. — O meu viver so-
litário, fechado só no meu quarto, o mais das vezes
lendo sem ler, escrevendo sem ver o que escrevo,
cismando sem saber o que cismo — talvez alguma
lágrima furtiva rolou pela face de minha mãe... Pobre mãe! — não é assim, meu Luiz? Pobres (não o
crês?) daquelas que veem o filho pender e murchar
pálido como a sons da música sombria que ele só
escuta! Disse-to eu: há uma única cousa que me pudesse dar o alento que me desmaia — uma mulher
que eu amasse... Eis aí pois tudo — amor, poesia. Só
não te falei na glória. Nem te falo. Rir-te-ias de mim
e dela, como eu também me rio. Glória! em nossa
terra! Oh! cisnes brancos perfumados dos vapores
do céu, porque descer ao charco impuro, a nodoar*

os alvores, a perder os aromas? Às aves das nuvens, o céu — Aos poetas, sonhos. — Glórias da terra? Não te lembras do Dante, de Chatterton, de Byron? Não te lembras de Werner, poeta e grande também, morto de ceticismo e desesperança sob a sua grinalda de orgia? Glórias da terra! Os aplausos da turba — enfezados louros, o mais das vezes tressuados de sangue, salpicados do lodo do insulto e da baba da inveja... Adeus, meu Luiz. A beleza do espiritualismo é o amor das almas — essa afinação que as palpita uníssonas par a par ainda na separação, ainda quando os sentidos que nos ligam à matéria não tateiam mais o objeto que se ama. Adeus. Assim como eu te amo, ama-me. Não esqueças entre tuas campinas do Rio Grande, ao riso de lábios de rosa onde se desvelam pérolas, das tuas patrícias belas. O teu amigo, Azevedo. Quis reler minha carta para emendar algum erro que aí resvalasse no andar da pena; mas achei-a tão longa que faltou-me ânimo. Demais a letra saiu tão má que quase a não entendo.[61] Se não a entenderes também, atira ao fogo esse papel. Pouco — nada perderás com isso. Será um quarto de hora de menos de perdido. No dia 1º de abril parto para S. Paulo.

---

61. Alguns creem que a tarefa de transcrever os manuscritos tenha sido um tanto árdua para Domingos Jacy Monteiro, do que poderiam ter resultado equívocos.

Pouco depois da postagem dessa carta, *O Conservador* relacionou a chegada de "Luiz Antônio da Silva Nunes com uma Sra"[62] ao porto de Santos. Eles teriam aportado em 19/04/1850, provenientes do Rio de Janeiro. Era praxe não nomearem os acompanhantes quando escravizados (chamados genericamente de escravos), criados, esposas (denominadas de "sua Sra") ou crianças. O inusitado "com uma Sra" não deixa entrever quem possa ter sido. A irmã? A mãe?

Apesar do prenúncio de afastamento na carta, a separação não aconteceu. O desalento não se confirmou. Na correspondência com familiares, é possível vislumbrar o que se deu em seguida. Em 26 de maio de 1850, Azevedo comentou com a mãe que Luiz se tornou responsável pelos gastos da espécie de república de estudantes na qual conviviam, na Faculdade de Direito, em São Paulo. "Quanto ao arranjo de casa é o sistema de bolsas — Nenhum de nós quis ser a caseira — Até a minha bolsa, como reconheci no Luiz Antônio mais jeito que em mim para isso, é ele quem me faz — Regula nosso gasto diário em comida [...]".[63] Em 16 de junho de 1850, novamente para a mesma interlocutora, Azevedo enterrou de vez sua desesperada profecia ("talvez tudo esteja findo entre nós"): "[...] estou morando com o Luiz Antônio numa casinha nova de dois lances na descida

---

62. MOVIMENTO do Porto de Santos. *O Conservador*. São Paulo, 14/05/1850, p. 4.

63. AZEVEDO, Vicente de Paulo Vicente. *Cartas de Álvares de Azevedo*: volume I. São Paulo: Academia Paulista de Letras, 1976, p. 155.

da São Francisco [...] vi-me reduzido a pedir emprestado dinheiro ao meu companheiro! Se não fosse o Luiz Antônio, não sei a quem pediria [...]".[64]

Em 12 de abril de 1851, escreveu para a mãe sobre ansiedade e certa agitação nervosa, enquanto esperava cartas do Correio. Breve, não esqueceu de Luiz: "[...] e no meio disso tudo há um remorso em mim por ter lá abandonado no Rio — só — o meu melhor amigo — ia escrever único, perdão minha mãe: também vós, também meu pai [...]".[65] Apesar de não dizer o nome, não há dúvidas sobre quem era esse "melhor amigo".

Menos fácil de identificar é uma personagem sem nome citada em relato do primo de Azevedo, Jacy Monteiro. História que atiçou o crítico e biógrafo Hildon Rocha. Ele foi um dos tantos estudiosos azevedianos que jogou somente com elementos heterossexuais no tabuleiro. Provavelmente inconsciente, essa *restrição* fica transparente na análise do relato. Em Itaboraí, perto de Niterói, Azevedo estaria com Monteiro e com "uma pessoa muito sua amiga", nas palavras do último. Rocha concluiu que a ocultação do nome era subterfúgio para esconder uma moça: "Por que o reticente biógrafo [Jacy Monteiro] esconde a identidade, preferindo o feminino repetido de 'amiga' e o indefinido de 'pessoa'?

---

64. AZEVEDO, Vicente de Paulo Vicente. *Cartas de Álvares de Azevedo*: volume I. São Paulo: Academia Paulista de Letras, 1976, p. 159.

65. AZEVEDO, Vicente de Paulo Vicente. *Cartas de Álvares de Azevedo*: volume I. São Paulo: Academia Paulista de Letras, 1976, p. 176.

Não há dúvida de que era moça [...]".⁶⁶ Essa certeza tem a ver com a formatação de nossos cérebros, que a muito custo não trilham somente estradas já pavimentadas, que dificilmente não ecoam discursos emanados por quem sempre deteve o poder da palavra. A heterossexualidade é compulsória. Por que a *pessoa amiga* não seria Luiz? Talvez deponha contra essa outra senda certa constância em recorrer a narrativas semelhantes, em que a discrição ganha auras de mistério, quando se trata de namoricos heterossexuais proibidos.

Restou-me dúvida se Luiz esteve com Azevedo no período de doença e/ou junto ao leito do moribundo, quando este teria dito, antes de expirar, a célebre frase: "Que fatalidade, meu pai [ou Pai?]". A irmã deixou um registro indicando que, por hora da morte, as mulheres — ela e a mãe — teriam sido retiradas do quarto, permanecendo "unicamente o pai e alguns amigos".⁶⁷

O que pensar da correspondência? Que o ameigado tratamento era corriqueiro entre os literatos da época? Mesmo que houvesse demonstrações de afeto similares entre homens, não parece haver algo que extrapola? Seria necessário comparar. Não farei esse exercício aqui. O crítico Brito Broca (1903-1961) sugeriu que era

---

66. ROCHA, Hildon. *Álvares de Azevedo*: anjo e demônio do romantismo. São Paulo: José Olympio, 1982, p. XLII.

67. AZEVEDO, Vicente de Paulo Vicente. *Cartas de Álvares de Azevedo*: volume I. São Paulo: Academia Paulista de Letras, 1976, p. 202.

hábito, entre os românticos, "a busca do efeito [...], nos exageros, na ênfase, nos arroubos".[68] Refletindo sobre o material disponível, Patrícia Aparecida Guimarães de Souza[69] recorreu ao historiador alemão Peter Gay (1923-2015), que escreveu sobre as relações homossexuais na era Vitoriana. Ele indicou que os elos homoafetivos formados na adolescência, durante o período escolar, muitas vezes se mantinham, discretos, a médio e longo prazo. Inúmeros sobreviveram aos casamentos de um e/ou outro e à distância. O amor, segundo Gay, aparecia emaranhado ao culto à amizade, algo em alta consideração à época — do que nos restariam os efusivos sentimentos expressos nas trocas epistolares.

Tanto Broca quanto Souza apresentaram hipóteses críveis. Dessa forma, apesar de eu entender ser possível questionar os antropólogos e militantes João Silvério Trevisan e Luiz Mott, arautos do homoerotismo em Azevedo, não creio que Reinaldo Azevedo, da forma que o fez, tenha sido suficiente em sua análise ao concluir que "[...] até as primeiras décadas do século 20, era comum, em Portugal e no Brasil, que amigos se despedissem em missivas com um 'Do teu... Fulano de

---

68. BROCA, Brito. *A vida literária no Brasil* – 1900. Rio de Janeiro: José Olympio, 1975, p. 86.

69. SOUZA, Patrícia Aparecida Guimarães de Souza. *Entre cartas e poemas:* as relações de gênero na obra de Álvares de Azevedo. Dissertação de Mestrado da Faculdade de Filosofia, Letras e Ciências Humanas da Universidade de São Paulo. São Paulo, 2017.

Tal'. Mott veria coisa ali [...]. Esse cara dá aula!"[70] A exclamação sinaliza desmedida reação.

O contexto do século XIX, indubitavelmente, era contrário ao registro efusivo de amores homossexuais, embora possam ser encontradas exceções. Mott não estava equivocado em supor — talvez ao não deixar margem maior para a dúvida. Aliás, em uma sociedade em que há um padrão único, com o fito reprodutivo, muitas vezes há e houve opressão suficiente para que pessoas com sentimentos homossexuais viessem a público não somente reproduzindo o ideal heterossexual — para afastar quaisquer suspeitas sobre si —, mas como partícipes de violências características da afeminofobia, bifobia, homofobia, lesbofobia e transfobia. É necessário arrolar, embora não seja regra, entre os homofóbicos mais radicais, aqueles que foram flagrados em práticas homossexuais? Diante de tantos filhos do preconceito — enrustidos, discretos, no armário — seria equivocado não supor.

---

70. AZEVEDO, Reinaldo. *O tribunal totalitário do sindicalismo gay*. Revista Veja. São Paulo, 12/03/2013. Fonte digital. Disponível em: https://veja.abril.com.br/blog/reinaldo/o-tribunal-totalitario-do-sindicalismo-gay-ou-ainda-daqui-a-pouco-os-politicos-terao-de-se-ajoelhar-diante-de-pedro-abramovay-o-juiz-supremo-de-um-tribunal-de-excecao/. Acesso em 24/12/2019.

Meu peito alegre

Além das cartas reunidas no volume organizado por Jacy Monteiro, recorro a Luiz Felipe Vieira Souto, que publicou matéria no *Jornal do Comércio*, em 13 de maio de 1945, em que divulgou um soneto que teria sido enviado a Luiz por Azevedo. O material estaria em posse de Branca Tosta da Silva Nunes (1868-1947), uma das filhas de Luiz. Já temos um *spoiler*. Houve descendência direta do gaúcho. Datada de 26/05/1850, nesta missiva, o poeta reforçou o que Souto sumarizou como uma "amizade [...] daquelas que nem o túmulo arrefece".[71]

> *Soneto*
> *Oferecido*
> *Ao meu amigo Luiz Antônio da Silva*
> *No dia 2 de junho de 1847*
> *Seu aniversário natalício*
>
> *Perdoa se hoje em verso duro e não cadente*
> *Todos os sentimentos de minha alma exprimo*
> *Tu verás que na arte de poeta eu não primo*
> *Porém verás que só digo o que meu peito sente*
>
> *Mas os teus anos que me alegram a mente*
> *Triste pensamento me faz vir do imo*
> *De meu peito alegre. De ti que eu tanto estimo*
> *Para o ano, em igual dia hei de estar ausente!*

---

71. SOUTO, Luiz Felipe Vieira. Os sonetos de Álvares de Azevedo. *Jornal do Comércio*: Rio de Janeiro, 13/05/1945, p. 3.

Mas se de ti separar-me a extensão imensa
A grande distância que entre nós estiver
Lembrança de ti não me fará perder.

Faz que tua alma a distância também vença
Neste dia entre os amigos não te esquece
Daquele em quem tua lembrança não fenece.[72]

Em sua biografia de Azevedo, Magalhães Júnior reproduziu o soneto. Atribuiu pouca qualidade ao texto. Na transcrição do jornal para o livro, fez pequenas alterações ("Mas se de ti separar-me a extensão *tão* imensa"...). Para o biógrafo, Azevedo "antecipava, assim, em versos medíocres e toscos, as despedidas ao mais caro e mais íntimo de seus amigos".[73] De fato, em novembro de 1847, poucos meses depois, concluídos os estudos no Colégio D. Pedro II, Azevedo partiu para São Paulo. Mas ainda não seria a derradeira separação — o que repetidamente descreveu como um de seus temores.

Este foi um dos materiais não disponibilizados por Luiz a Jacy Monteiro — ou terá sido descartado pelo último? Por quê? Avaliado como pueril, de pouco refino, não passou pelo crivo crítico? Pode ter sido encontrado depois, perdido em meio a papéis que o próprio Luiz esquecera? Açucarado demais? À distância dos fatos,

---

72. SOUTO, Luiz Felipe Vieira. Os sonetos de Álvares de Azevedo. *Jornal do Comércio*: Rio de Janeiro, 13/05/1945, p. 3.

73. JÚNIOR, R. de Magalhães. *Poesia e vida de Álvares de Azevedo*. São Paulo: Editora das Américas, 1962, p. 36.

formular perguntas é mais adequado do que arriscar respostas. Quanto à *ficção*? Haverá algo indiciário na produção literária?

Satanás e o mancebo

Macário foi dos textos mais analisados da obra azevediana, não somente por ser um dos poucos que produziu, mas porque vários autores concordaram que o personagem principal foi uma projeção de Azevedo de si mesmo — eis, à baila, assunto recorrente.

No livro, Satã encontrou Macário desmaiado. Tomando-o em seus braços, enquanto o carregava, refletiu: "Vamos... E como é belo descorado assim com seus cabelos castanhos em desordem, seus olhos entreabertos e úmidos, e seus lábios feminis! Se eu não fora Satã eu te amaria, mancebo...".[74] O crítico Antônio Candido (1918-2017) percebeu certa tensão erótico-sexual pairando nesse trecho. Ao identificar como corriqueira, nos escritores jovens, certa "rebeldia", mencionou o excerto como exemplo disso "que por vezes baralha os sexos no seu ímpeto cego".[75]

---

74. AZEVEDO, Álvares de. Macário. IN: BUENO, Alexei (Org.). *Álvares de Azevedo*: obra completa. Rio de Janeiro: Editora Nova Aguillar S. A., 2000, p. 543.

75. CANDIDO, Antônio. Álvares de Azevedo, ou Ariel e Caliban. IN: BUENO, Alexei (Org.). *Álvares de Azevedo*: obra completa. Rio de Janeiro: Editora Nova Aguillar S. A., 2000, p. 81.

Recordo que LGBTQI+ bem sabem que os vincular ao Inferno tem sido estratégia da Igreja desde há muito. Das fogueiras no Medievo, perseguições da Inquisição, às matérias sensacionalistas em panfletos de igrejas neopentecostais do século XXI. Na inflexão de Azevedo, que tornou Satã um interlocutor, há certa subversão. Embora os escritores românticos incorporassem boa dose de religiosidade, a metáfora precisava ser satânica, porque a necessidade de afronta a determinada moral não poderia ser expressa na imagem do deus cristão.

Quanto a Antônio Candido, cabe dizer que não era entusiasta da mistura de biografia e obra. O escritor Carlos Heitor Cony (1926-2008), por sua vez, destacou outro trecho de ambiguidade pungente. Em *Cadáver de um poeta*, poema de *Lira dos vinte anos*, excerto que aproximou de Diadorim, personagem de João Guimarães Rosa (1908-1967):

> *Ninguém o conheceu; mas conta o povo*
> *Que, ao lançá-lo no túmulo, o coveiro*
> *Quis roubar-lhe o gibão — despiu o moço...*
> *E viu... Talvez é falso... níveos seios...*
> *Um corpo de uma mulher de formas puras...*[76]

No universo literário, ao menos em um momento a escrita de Azevedo foi associada à cultura homoeróti-

---

76. CONY, Carlos Heitor. Álvares de Azevedo: o amante da morte. In: *Revista Brasileira*. Academia Brasileira de Letras. Fase VII, abril-maio-junho de 2003, Ano IX, nº 35.

ca, embora *post mortem* e em evidente pasticho cômico de *Sonhando*, poema que integrou o livro *Lira dos vinte anos*. Trata-se de paródia *pornográfica* incluída no *Almanak caralhal*, publicação sem autoria, de mais de trezentas páginas. Datado de 1860, o volume teria circulado tanto na Europa quanto no Brasil.[77] As estrofes seguem o desenrolar de um encontro, numa praça qualquer, ambiente historicamente reconhecido como de prostituição masculina: "Na praça deserta, que a lua branqueia/Que mimo! que graça, que puto meu Deus!"[78]

Não causa estranhamento que Azevedo tenha sido objeto de divertido arremedo no exterior. Como escreveu Antônio Joaquim de Macedo Soares (1838-1905), alguns anos antes da suposta data de impressão do almanaque, "Álvares de Azevedo é uma das glórias do Brasil: seu mérito já na Europa foi apreciado".[79] Não dizem que a fama tem seu preço? A transcrição de ambos, do original de Azevedo e da divertidíssima corruptela, está no apêndice ao final do livro.

Aos apressados, aqui os avisos pipocam como ímãs em geladeira de colecionador. Vida e obra se entrelaçam

---

77. A correlação já foi feita em artigo. CUROPOS, Fernando. Contra os *queer*, marchar, marchar! *Via Atlântica*, São Paulo, n.º 33, 135-149, junho/2018.

78. *Almanak caralhal*. Paris: 1860, p. 41. Disponível em: https://books.google.com.br/books/about/Almanak_caralhal.html?id=OkimZiNNXfgC&redir_. Acesso em 24/12/2019.

79. SOARES, Macedo. Cantos de solidão. IN: *Ensaios literários do Atheneo Paulistano – 1857 – Nº 3*. São Paulo: Tipografia 2 de Dezembro, p. 386.

à revelia de rupturas idealizadas. Ora andam abraçadas, ora se repelem. Acaso alguém sinta vontade de tomar esse subcapítulo como um conjunto de indícios de homossexualidade em Azevedo, terá que explicar muitos poemas que ele escreveu sobre mulheres.

Impossível, decerto, desconsiderar, no vislumbre erótico entre Satã e Macário, aquela inquietude diante da atração não permitida. Tensão entre o medo e a coragem. Relampejo fugaz que é uma sinapse produzindo o impensável. Certa verossimilhança existe nos poucos trechos em que se aventurou pela dubiedade de gênero, mas pode ser apenas fruto de boa pena e tinta.

Amor e medo

Em 1931, Mário de Andrade lançou *Amor e medo* na *Revista Nova*. Em 1935, o ensaio apareceu, ao lado de outro, em um livro denominado *Aleijadinho e Álvares de Azevedo*. "O amor sexual lhe repugnava, e pelas obras que deixou é difícil reconhecer que tivesse experiência dele"[80], disse o modernista, que utilizou a expressão *medo do amor*, na acepção de receio da realização sexual, para definir os sentimentos e comportamento de Azevedo. Isso pensando em relação à norma — que ordenava o relacionamento heterossexual e exigia desse a consumação. Andrade informou não ser de praxe que

---

80. ANDRADE, Mário de. Amor e medo. IN: BUENO, Alexei (Org.). *Álvares de Azevedo*: obra completa. Rio de Janeiro: Editora Nova Aguillar S. A., 2000, p. 56.

as pessoas revelassem o próprio pânico. O desnudar de Azevedo era exceção, porque a maioria teria mais receio de zombarias decorrentes da revelação. O temor do escárnio soa à conclusão que Andrade pode ter extraído da sua vida particular.

Quanto à homossexualidade, a interpretação freudiana serviu de fio condutor. Depois de comparar os textos de Azevedo aos de distintos poetas de outrora, alguns com semelhante *medo do amor*, uns com pendor para a sensualidade e/ou para o desejo carnal, afirmou: "Álvares de Azevedo foi o que parece ter realmente sofrido dos pavores juvenis do ato sexual. A educação dele foi excessivamente entre saias, o que já é prejudicial pro desenvolvimento masculino dos rapazes".[81]

Em nota de rodapé, pormenorizou a defesa. O ensaio teria se baseado no que leu em *Dois românticos brasileiros*, de Vieira Souto e Manuel Antônio de Almeida, autores que:

> [...] *ressaltam a feminilidade adquirida na educação entre saias, como o amor deslumbrante de Álvares de Azevedo pela irmã. É típica de tudo isso, principalmente a anedota de 1851, em que ele se vinga dum namorado de Maria Luísa, ao mesmo tempo que a espezinha num ato de ciúme. "Nesta época, o seu gênio alegre começa a sofrer modifi-*

---

81. ANDRADE, Mário de. Amor e medo. IN: BUENO, Alexei (Org.). *Álvares de Azevedo*: obra completa. Rio de Janeiro: Editora Nova Aguillar S. A., 2000, p. 69.

cações, apesar de brilhar de vez em quando a veia satírica; tal como em um baile do Carnaval do ano de 1851, quando apresentou-se fantasiado de mulher, a intrigar ministro europeu aqui acreditado e pretendente à mão de uma das suas irmãs: Mariana Luísa [...]." Ao que se poderá juntar as conversas mais ou menos entendidas do poeta sobre crimes e bordados; as preocupações com tualetes femininas, principalmente a bonita descrição do vestido da condessa de Iguassu; e o profundo desfervor sexual com que, além de se confessar "panteísta" na contemplação da moça bonita, insultou de bestas chucras as moças piratiningas.[82]

Para João Silvério Trevisan, um indicador de que Andrade poderia suspeitar da homossexualidade — e não apenas de castidade heterossexual — está em uma assertiva próxima ao final do texto, quando o ensaísta escreveu haver "várias constâncias e pormenores nos escritos de Álvares de Azevedo, que nos poderiam levar a suposições psicopatológicas que não me interessam aqui por serem apenas deste ou daquele indivíduo".[83]

---

82. ANDRADE, Mário de. Amor e medo. IN: BUENO, Alexei (Org.). *Álvares de Azevedo*: obra completa. Rio de Janeiro: Editora Nova Aguillar S. A., 2000, p. 69.

83. ANDRADE, Mário de. Amor e medo. IN: BUENO, Alexei (Org.). *Álvares de Azevedo*: obra completa. Rio de Janeiro: Editora Nova Aguillar S. A., 2000, p. 78.

A homossexualidade era considerada assunto para estudos psicopatológicos desde o final do século XIX, entendida como doença a ser estudada e curada, e a interpretação de Andrade estaria amarrada a essa condição afetiva. Mais detalhes sobre como a homossexualidade foi, no final do século XIX, passando a ser entendida como tal, incorporada aos textos de escritores naturalistas e analisada com o viés (pseudo)científico, podem ser encontrados no já citado *Babá: esse depravado negro que amou.*

O *medo do amor*, sem dúvida, extrapola limitações de identidade de gênero e orientação sexual, podendo ser enxergado em homens e mulheres celibatários, por exemplo. Não quer dizer que todos os solitários heterossexuais tenham optado por não se relacionar sexualmente em decorrência dessa temeridade, mas há de se considerar como hipótese para alguns.

Em algumas notas jornalísticas, *Amor e medo* foi anunciado como um agradável estudo sobre o romantismo focado em um autor que, antes de gostar de alguém na vida real, amava o amor. Tímido, Azevedo teria sido tomado por "angústia amorosa".[84] Muitos críticos, no entanto, ficaram incomodados com as constatações. Lúcia Miguel Pereira (1901-1959) destacou não ter achado o ensaio sobre Azevedo tão interessante quanto o sobre Aleijadinho. Pereira percebeu Andrade "esquadrinhando a obra do poeta à cata de argumentos para a tese de que

---

84. LIVROS novos. *O Jornal*: Rio de Janeiro, 27/08/1935, p. 6.

a sua vida se explica pelo medo do amor"[85], para o que teria apresentado sustentação por demais exaustiva.

Andrade, "na profunda afeição do poeta pela mãe e pela irmã descobre indícios de fraca virilidade, aceitando assim os postulados psicanalíticos"[86], inferiu Pereira, que, porém, se viu obrigada a concluir que o autor era "um forte espírito crítico, consciencioso e lúcido".[87] Oportunamente, ela lembrou outra aproximação possível entre Byron e Azevedo: o primeiro foi acusado de amor demasiado por uma meio-irmã chamada Augusta; o segundo sempre foi visto como ligado em excesso, embora não carnalmente, às irmãs e à mãe.

Essas vinculações direcionam para Freud? Andrade o leu bastante. Do pai da psicanálise em diante, infelizmente, muitos profissionais disseram que a homossexualidade tinha raízes em lares desestruturados — presença materna excessiva junto aos meninos e/ou ausência paterna. Levou muito tempo até que os estudiosos, nem todos, passassem a questionar a culpabilização dos indivíduos (gays, pais...). Recentemente, muitos começaram a entender a sociedade *fóbica* como problemática por não incorporar formas de existência fora da lógica heterocisnormativa, evitando, assim, penalizar LGBTQI+ para sua

---

85. PEREIRA, Lúcia Miguel. Livros. *Gazeta de Notícias*: Rio de Janeiro, 28/07/1935, p. 6.
86. PEREIRA, Lúcia Miguel. Livros. *Gazeta de Notícias*: Rio de Janeiro, 28/07/1935, p. 6.
87. PEREIRA, Lúcia Miguel. Livros. *Gazeta de Notícias*: Rio de Janeiro, 28/07/1935, p. 6.

condição. Esse é o cerne de disputas bem atuais. Quando vemos psicólogos ditos cristãos requererem o direito de curar homossexuais, embora usem eufemismos para a palavra cura, eles estão reivindicando o direito de entender o sujeito homossexual como equivocado, portanto, deixando de responsabilizar a sociedade pelo preconceito culturalmente enraizado.

Muitos dos que reconheceram as indiretas à homossexualidade em *Amor e medo* refutaram o uso de Freud. Algumas dessas críticas destacaram que o modernista, ao fazer relações entre literatura e teoria psicanalítica, tentou aplicá-la para compreender seres ficcionais, o que seria impróprio, uma vez que não se deveria confundir vida real e personagens da ficção. Luciana Stegagno-Picchio (1920-2008), à sua vez, asseverou que a tese foi orientada por "um princípio metodológico de mérito duvidoso, o do biografismo psicologizante, o qual pode ser válido para a apreciação do homem, mas evidencia-se instrumento bastante precário na avaliação do poeta".[88]

Eu seria mais simpático ao que a crítica inferiu se ela tivesse pontuado que a psicologia freudiana levou a falhas analíticas seja quando se propôs a examinar o homem real, seja quando alguém o fez com *sujeitos* ficcionais. Isso significa compreender as limitações da época em que Freud viveu — sem neurociência, por exemplo.

---

88. STEGNANO-PICCHIO, Luciana. O fascinante Álvares de Azevedo. IN: BUENO, Alexei (Org.). *Álvares de Azevedo*: obra completa. Rio de Janeiro: Editora Nova Aguillar S. A., 2000, p. 102.

A teoria não foi posta à prova. De qualquer forma, duas colocações se fazem imprescindíveis. Andrade tentou decifrar Azevedo lastreado pela correspondência, donde impossível dizer que somente recorreu à ficção ou ao texto literário. Além disso, basta recordar que Byron escondeu um amante masculino sob o nome de mulher, em *Thyrza*, para entender que, por vezes, vida pessoal e ficção não estão tão separados quanto parece.

Veiga Miranda, para explicar a relação de Azevedo com a mãe e as irmãs, buscou em Schopenhauer (1788-1860) certa "lei da alternatividade", segundo a qual "quanto à transmissão das qualidades morais e físicas dos pais aos filhos: as mães concorrem mais para os do sexo masculino, os pais para os do sexo feminino".[89] Essa inversão seria um estratagema da natureza, que trataria de compensar as discrepâncias entre os gêneros, evitando que "fossem endurecendo cada vez mais os corações dos homens, dominados pela aridez das lutas ambiciosas, pelos elementos do materialismo ou da sensualidade".[90]

As mulheres, por sua vez, seriam dadas em demasia às faculdades dos sonhos, à candura e à crença, caso ficassem restritas às inspirações femininas. Miranda não só percebeu a diferença entre o que descreveu e a teoria de Freud, mas enxergou essa perspectiva psicanalítica,

---

89. MIRANDA, Veiga. *Álvares de Azevedo*. São Paulo: Empresa Gráfica da Revista dos Tribunais, 1931, p. 56.

90. MIRANDA, Veiga. *Álvares de Azevedo*. São Paulo: Empresa Gráfica da Revista dos Tribunais, 1931, p. 56.

aplicada a Azevedo por Andrade, como "análise profanadora".[91]

A explanação de Miranda não somente tentou dar conta da presença forte da mãe e da irmã na vida do poeta, como representou a noção de época sobre as *naturais* diferenças que se acreditavam existir entre mulheres e homens. Em outra parte da biografia, no entanto, ele afastou, em parte, o entendimento, que dissera vir de Schopenhauer, para admoestar sobre a demasiada influência de familiares mulheres na educação de Azevedo, porque "sabe-se quanto as carícias femininas predispõem os temperamentos para a languidez, para os devaneios, para o sonho."[92] Acrescentou "a fatal influência das mucamas, das 'pagens' escravas ou mestiças"[93], que estariam alimentando os pequenos, então, com histórias fantásticas de princesas, mulas sem cabeça e lobisomens. Essa bajulação em torno das crianças, para o autor, formava "pequeninos tiranos".

De maneira geral, Miranda percebeu que o convívio, então, entre pais e filhos, deveria abster-se de demonstrações de afeto, porque prevalecia "a teoria de que os rapazes se efeminavam com elas [carícias]".[94] Inferiu o

---

91. MIRANDA, Veiga. *Álvares de Azevedo*. São Paulo: Empresa Gráfica da Revista dos Tribunais, 1931, p. 57.
92. MIRANDA, Veiga. *Álvares de Azevedo*. São Paulo: Empresa Gráfica da Revista dos Tribunais, 1931, p. 77.
93. MIRANDA, Veiga. *Álvares de Azevedo*. São Paulo: Empresa Gráfica da Revista dos Tribunais, 1931, p. 77.
94. MIRANDA, Veiga. *Álvares de Azevedo*. São Paulo: Empresa Gráfica da Revista dos Tribunais, 1931, p. 115.

autor que abraços e beijos, mesmo às despedidas, eram evitados. Especialmente entre homens, mesmo que parentes, por depreciarem a energia varonil. As demonstrações de apreço ocorriam, no entanto, na correspondência entre os familiares — o que resta provado na leitura das trocas epistolares entre Azevedo e os seus, a não ser que constituam exceção à regra.

Em resenha, o escritor Otávio Tarquínio de Souza (1889-1959) colocou que Andrade, "no afã de provar um ponto de vista preestabelecido, [fez] aquela 'solicitação aos textos' de certos exegetas apriorísticos".[95] O jornalista e escritor Múcio Leão (1898-1969) tangenciou. Talvez não tenha compreendido ou não quisesse reforçar as indiretas à homossexualidade. Ele acabou concluindo de *Amor e medo* que, à semelhança de Chateaubriand (1768-1848) e de Byron, em muitos dos poetas românticos "há um resíduo de desejos proibidos, a inclinação para certos amores vedados [...]. É essa tendência a amar as irmãs que determina, nos nossos poetas românticos, a existência do medo do amor [...]".[96]

Outros apropriaram as análises do poeta modernista como indicação de castidade. "[...] o pobre do Álvares de Azevedo, que, imitando de tal forma Byron, dava a impressão de ser um gozador da mesma laia, foi, na realidade, sempre, de uma timidez positivamente mórbida

---

95. SOUZA, Otávio Tarquínio de. Vida literária. *Diário de Pernambuco*: Pernambuco, 15/09/1935, p. 1.

96. LEÃO, Múcio. Registro literário. *Jornal do Brasil*: Rio de Janeiro, 26/03/1936, p. 12.

junto às mulheres [...]. Álvares de Azevedo foi um casto, um místico"[97], afirmou um tal de João da Lua.[98]

Vicente de Azevedo foi ao cerne. Refutou que Azevedo possa ter sido efeminado. Andrade não teria visto que as sutilezas descritivas com as quais Azevedo apresentava cetins, bordados e demais apetrechos *pensados como femininos* eram para auxiliar a mãe nos pedidos que essa fazia às rendeiras paulistas, por exemplo. Quanto a descrições detalhadas de vestidos, explicou que era praxe de muitos escritores, à época, não como "hoje, na era dos costureiros femininos, na era dessa coisa aberrante e imunda que se chamou *uni-sex*, [em que] realmente dá para desconfiar o preocupar-se com vestidos e enfeites".[99] "Mário de Andrade errou tanto", concluiu.

Andrade pareceu reticente em nomear. Deixou nas entrelinhas. Quem sabe pelo sofrimento com a homossexualidade, que jamais assumiu. De início, provavelmente o catolicismo extremado tenha sido motivo de conflitos internos sobre essa questão. O jovem Andrade era carola, assíduo às atividades da Igreja. O fervor religioso o fez desprezar a proeminente poetisa Gilka Machado (1893-1980), a quem achava imprópria, não somente ele,

---

97. LUA, João da. Amor e medo. *Diário da Noite*: Rio de Janeiro, 07/08/1935, p. 4.
98. Uma das pessoas que utilizou essa alcunha foi o jornalista, advogado e memorialista Paulo Alfeu Junqueira Duarte (1899-1984). Todavia, não tenho como precisar se é o autor dessa crítica.
99. AZEVEDO, Vicente de Paulo Vicente de. *Álvares de Azevedo desvendado*. São Paulo: Livraria Martins; Brasília: INL, 1977, p. 187.

mas boa parte da sociedade dos anos 1910, que via a jovem feminista publicar textos que mulheres não ousariam escrever. Com o passar do tempo, o modernista foi se incomodando com as posições dos representantes de Deus, resultando em largo afastamento. O jornalista e escritor gaúcho Augusto Meyer (1902-1970), enquanto trabalhou ao lado do poeta modernista, de quem era chefe, no Instituto Nacional do Livro, no Rio de Janeiro, parece ter sido um dos que o agrediam constantemente chamando-o de mulato e *viado*.[100] Coisas do tipo devem ter sido bem desencorajadoras.

Das críticas a *Amor e medo*, defendeu-se de uma feita pelo jornalista Prudente de Moraes Netto (1904-1977), que achou o trabalho robusto, mas não deixou de lançar a dúvida: será que Andrade chegou à verdade? Ao que o modernista, em sua primeira coluna no *Diário de Notícias*, da qual se afastara Rosário Fusco (1910-1977), retrucou: "Só pude responder que era também suficientemente lúcido para não ter certeza".[101]

---

100. TREVISAN, João Silvério. *Devassos no Paraíso*: a homossexualidade no Brasil da colônia à atualidade. 5ª edição, revista e ampliada. Rio de Janeiro: Record, 2002, p. 258.

101. ANDRADE, Mário de. Começo de crítica. *Diário de Notícias*: Rio de Janeiro, 05/03/1939, p. 2.

Outsider

Crítico literário, organizador de seletas, chefe do famigerado Departamento de Censura de Diversões Públicas, o baiano Hildon Rocha era fã de Álvares de Azevedo. Das leituras de *Macário*, constatou ser "[...] impossível divorciar a obra de Álvares de Azevedo daquele que a concebeu e realizou. Apesar do artifício a que todos os críticos têm estado vigilantes, essa obra é o melhor retrato que ele nos legou de si mesmo".[102]

Embora Veiga Miranda tenha dito que Azevedo fazia figura agradável e atraente para as jovens, uma das explicações de Rocha para a provável pouca ou não concretização das relações amorosas foi a de que o frustrara "possuir um extraordinário espírito num corpo franzino, doentio e que não oferecia atração àquelas a quem ele tanto quis e tão ardentemente desejou".[103] Constituição física, o tamanho ao menos, que pode ter favorecido passar incógnita a *natureza* masculina sob trajes femininos. Rocha também discorreu sobre a frustração que Azevedo sentia em viver na São Paulo tão afastada da efervescência cultural europeia, agitação que era um tanto reproduzida no Rio de Janeiro. Ressalte-se que, ainda que São Paulo possa ter estado distante, em termos de cosmopolitismo, da província vizinha, a melancolia de Azevedo deve ter co-

---

[102]. ROCHA, Hildon. Álvares de Azevedo I. *A Noite*: Rio de Janeiro, 05/05/1952, p. 5.

[103]. ROCHA, Hildon. Álvares de Azevedo III. *A Noite*: Rio de Janeiro, 19/05/1952, p. 7.

laborado para a descrição nublada do cenário paulistano. Rocha, por fim, assinalou o óbito prematuro, que limitou experiências que, *post mortem*, muitos cobrariam.

Destacando o isolamento social de Azevedo, Rocha salientou que "não se afeiçoava ao convívio da sociedade local, quer do Rio, quer de S. Paulo, nem ao amor dos salões, fútil e convencional".[104] Essa sensação de deslocamento tem sido recorrente em LGBTQI+, quando o ambiente oportuniza, incentiva e requer exclusivamente um comportamento que o indivíduo não quer seguir. O crítico não aventou a possibilidade de que fosse a homossexualidade uma das razões do mal-estar entranhado. Azevedo foi descrito como *outsider* por inconformidade com o provincianismo, pouco interessado nas prováveis pretendentes, satisfazendo-o a idealização da mulher nos escritos e em pensamentos.

Em outro trecho, o crítico argumentou que "o que faltava a Álvares de Azevedo era a capacidade de comunicação pessoal, de tradução oral, de corpo presente — dos seus anseios. Por isso mesmo, estes lhes morriam no peito, extravasando-os apenas em cantos de funda mágoa e tristeza, cantos em que se realizava uma poesia lírica de grandeza e originalidade únicas em nossa literatura".[105] Mas as cartas para Luiz não foram tentativas de expressão sentimental?

---

104. ROCHA, Hildon. Solidão de Álvares de Azevedo. *A Noite*: Rio de Janeiro, 16/11/1953, p. 3.

105. ROCHA, Hildon. Solidão de Álvares de Azevedo. *A Noite*: Rio de Janeiro, 16/11/1953, p. 3.

Comprometido explicitamente com a desconstrução da tese de Mário de Andrade, alegou equívocos na arguição. Azevedo não teria o perfil desenhado pelo modernista, mas seria misto de anjo e demônio, embora "a parte confiada ao demônio se realizasse preferentemente através da imaginação".[106] Essa ideia não era original. Foi gestada, ainda no século XIX, por Sílvio Romero e outros críticos. Rocha apenas afastou a conjunção alternativa "ou" anjo "ou" demônio, característica dos pensadores que o antecederam, para formar uma personalidade híbrida. Acreditando em uma compleição mutante, morfo de ser angelical com um tinhoso, descartou a possibilidade de Azevedo ter se mantido virgem, utilizando como argumento algumas estrofes finais de *Lira dos vinte anos*: "Oh! Não maldigam o mancebo exausto/Que no vício embalou, a rir, os sonhos/ Que lhe manchou as perfumadas tranças/Nos travesseiros da mulher sem brio!...".

O biógrafo se serviu do contexto de camaradagem do poeta para defender a improvável castidade. Sustentou que os amigos Laurindo Rabelo (1826-1864) e Bernardo Guimarães, com certeza, tinham-no conduzido por "certas ruas estranhamente mal iluminadas".[107] Eles foram citados, provavelmente,

---

106. ROCHA, Hildon. Poesia, amor e morte II. *Carioca*: Rio de Janeiro, 28/06/1952, p. 53.

107. ROCHA, Hildon. *Álvares de Azevedo*: anjo e demônio do romantismo. Rio de Janeiro: José Olympio, 1982, p. 66.

por terem, entre seus escritos, produções ditas pornográficas. De Guimarães, dessa leva são *O elixir do pajé* e *A origem do menstruo*, de 1875; Rabelo ficou conhecido como o Bocage brasileiro pela recorrência à obscenidade.

Mesmo que bordéis sejam apontados como saída erótica para solteiros ou jovens de quem se desconfiava as inclinações, é sabido que esses centros de educação sexual para mancebos não expediam atestado de masculinidade. Conte-se os inúmeros casos de rapazes efeminados que consumavam a relação sexual para contentar os pais, ansiosos em ver ratificada a masculinidade transmitida geneticamente.

Para fortalecer seu ponto de vista, o crítico se aproximou do parecer efetuado pelo estudioso literário Eugênio Gomes (1897-1972).[108] Este arrazoou que Andrade se equivocou ao não fazer um estudo metódico de outras fontes, de autores românticos estrangeiros como Alfred de Musset e Byron, que também teriam descrito mulheres idealizadas, mas que nem por isso teriam receio do amor: "Mário de Andrade absteve-se de verificar as relações do tema com os românticos estrangeiros que, não sendo diferenciados ou indiferentes sexualmente, celebraram repetidas vezes as mulheres

---

108. Um perfil do escritor e ensaísta baiano, diretor da Biblioteca Nacional, que casou com a gaúcha Irene Dias Gomes, em 1938, pode ser encontrado no *Correio da Manhã*. PEREZ, Renard. Escritores brasileiros contemporâneos: Eugênio Gomes. *Correio da Manhã*: Rio de Janeiro, 29/10/1955, p. 8.

adormecidas".[109] Embora tenha acreditado que Andrade não fez a devida leitura da obra inteira de Azevedo, que deixou de evocar comparações necessárias, Gomes apurou que, de fato, "a concepção de Álvares de Azevedo era extremamente acanhada em relação à vitalidade de seu poder verbal".[110]

O escritor e crítico pernambucano Haroldo Bruno (1922-1984) advertiu que "o único pecado do [...] Sr. Hildon Rocha foi transformar em realidade da vida do poeta as suas idealizações, digo mesmo, as suas compensações imaginativas, no sentido de reabilitar o que nele era fraqueza e impotência".[111] Parece-me que a metodologia analítica, por vezes, não foi questionada, mesmo dúbia, por apresentar resultados confirmando perfil adequado à norma. Haroldo Bruno, nesse caso, não ficou satisfeito com as conclusões do colega, descontente justamente com o dispositivo procedimental.

Lendo o livro de Hildon, não pude deixar de notar a desconfiança que o atentava. Para afastar os leitores da dúvida que o assombrava, tratou de fazer uma observação em relação ao "amigo mais íntimo, Luís da Silva Nunes", inferindo que "o mais íntimo em relação a esse colega que o sobreviveu até o fim do século, não pode ser

---

109. GOMES, Eugênio. Álvares de Azevedo. *Jornal de Letras*: Rio de Janeiro: Ano IV, Nº 34/04/1952, p. 6.

110. GOMES, Eugênio. Álvares de Azevedo. *Jornal de Letras*: Rio de Janeiro: Ano IV, Nº 34/04/1952, p. 6.

111. BRUNO, Haroldo. Dois ensaístas. *Leitura*: Rio de Janeiro. Nº 1, 07/1957, p. 30.

sublinhado com intenções ou malícia, mas pode revelar a intenção do poeta em fixar-se intensamente em poucas pessoas: a mãe, a irmã, o amigo Luís".[112] Há forma mais propícia de atiçar o imaginário do que proibir ou inferir sobre a inadequação em fazer determinada coisa? Nada alarma mais o vespeiro. Nada dispara mais os sentidos.

Cabo de guerra

Abstenho-me de trazer a farta arguição dos que firmam a heterossexualidade de Azevedo — quase sempre embutida no litígio entre defensores do amor físico e do amor espiritual, irmanados na concepção de que, cá ou lá, ele era viril. Magalhães Júnior, *verbi gratia*, enxergou os primeiros amores do poeta em lembranças da vida estudantil no Colégio D. Pedro II. Aos 15 anos, teria se apaixonado por uma tal de Ilná, nome registrado em alguns versos.[113]

Muitos afiançaram que as citadas Anália, Armia, Consuelo, Haidéa, Inês, Lélia, Madalena e Zoé, entre outras, não passaram de idealizações do feminino. Consuelo, por exemplo, foi nome retirado de livro homônimo de George Sand, publicado primeiramente entre 1842 e 1843, no periódico *La Revue Indépendante*. Para alguns,

---

112. ROCHA, Hildon. *Álvares de Azevedo*: anjo e demônio do romantismo. Rio de Janeiro: José Olympio, 1982, p. 15.

113. JÚNIOR, R. de Magalhães. *Poesia e vida de Álvares de Azevedo*. São Paulo: Editora das Américas, 1962, p. 31.

escaparam a dita Ilná e certa Teresa, que teriam sido personagens reais por quem haveria manifestado atração. Não vou enveredar por esse caminho. Apurações nesse sentido foram exaustivamente efetuadas em diversos livros citados pelas notas de rodapé. Energia nessa direção foi despendida especialmente para afastar a virgindade, que gerava desconforto quando masculina.

Contudo, devido é mostrar que muitos dos que defenderam a heterossexualidade ou virilidade utilizaram a mesma premissa condenada naqueles que entreviram a homossexualidade: ver na ficção uma (parte de) não ficção. É insustentável arguir heterossexualidade e/ou rechaçar homossexualidade recorrendo ao mesmo método — quando esse serve apenas para convalidar conclusões que não ferem a moral vigente.

Interessa verificar a partir de quando espécie de denúncia sobre a falta de experiências sexuais, lida como "deformação varonil"[114], dúbia masculinidade, ganhou espaço em periódicos e em livros. A discussão ácida entre Luiz Mott e Reinaldo Azevedo, apesar de versar especificamente sobre orientação sexual não hegemônica, tem raízes naquele debate em que a virgindade mal se ajustava à noção de virilidade. A macheza imposta e cobrada aos homens demanda carnalidade. No caso de Álvares de Azevedo, é como se o cabo de guerra, desse momento em diante, passasse a ter um nó central a partir do qual cordas se ofereceram em direção a, no mí-

---

114. ARAÚJO, Jorge de Souza. Adolescente genial. *Jornal do Brasil*: 12/09/1981, Caderno B, p. 11.

nimo, três sentidos: heterossexualidade celibatária, heterossexualidade consumada, homossexualidade. Nunca presenciei cabo de guerra com três pontas. Mas é isso.

Embora as inferências de Mário de Andrade tenham sido suficientes para bom entendedor, a quem, dizem, meia palavra basta, o ativismo ou movimento LGBTQI+ passou a reclamar o poeta romântico para si com os enunciados dos antropólogos João Silvério Trevisan e Luiz Mott. Eles foram dos primeiros a puxar a terceira corda. Embora Mário de Andrade tenha feito o nó central, não teve forças para a contenda pública. Deveras, não era algo que alguém fizesse naquele tempo. É atitude recente, característica de indivíduos e grupos militantes, que reivindicam representantes que julgam que a História oficial lhes surrupiou. Luiz Mott arrolou Azevedo entre os *100 homoeróticos mais célebres na história do Brasil*[115] com base nas pesquisas de João Silvério Trevisan, que publicou o monumental *Devassos no paraíso*[116].

Em seguida, outros repetiram essas conclusões, especialmente em pesquisas universitárias. Carlos Figari, por exemplo, destacou que um "dos grandes românticos brasileiros, Álvarez [sic] de Azevedo, também parece ter se vinculado ao mundo diplomático. Uma de

---

115. MOTT, Luiz. *100 homoeróticos mais célebres na história do Brasil*. Disponível em: https://www1.folha.uol.com.br/folha/ilustrada/20061121-100_homoeroticos.pdf. Acesso em 24/12/2019.

116. TREVISAN, João Silvério. *Devassos no paraíso*: a homossexualidade no Brasil da colônia à atualidade. 5ª edição, revista e ampliada. Rio de Janeiro: Record, 2002.

suas prováveis paixões teria sido o conde Fé d'Ostiani, que representava no Brasil o Reino das Duas Sicílias, e a quem Azevedo dedicou o poema 'Itália', ('Pátria do meu amor'...)".[117] Temerária intepretação. Dos livros para a internet, foi um passo.

Em São Paulo, Álvares de Azevedo teve, no mínimo, três colegas gaúchos. Joaquim Russel (1819-1864), nascido em Porto Alegre, que foi matriculado depois de certa idade. Alvo da troça dos calouros, que o chamavam de "vovô", "burro velho", "madrinha da tropa"[118], entre outros apelidos, depois de formado atuou em escritório de advocacia, no Rio de Janeiro. João Batista da Silva Pereira Júnior terá um aparte em seguida. Além desses, Luiz, que já era seu conhecido do D. Pedro II, a quem dedico as páginas seguintes.

Luiz Antônio da Silva (Nunes)

As biografias de Azevedo se ocuparam pouco de Luiz — por vezes somente em nota de rodapé. Magalhães Júnior, por exemplo, escreveu não mais do que: "Luís Antônio da Silva Nunes, que iniciara o curso jurídico em 1850, seria deputado geral de 1861 a 1864 pelo Espírito

---

117. FIGARI, Carlos. @s outr@s cariocas: interpelações, experiências e identidades homoeróticas no Rio de Janeiro – séculos XVII ao XX. Belo Horizonte: Editora UFMG; Rio de Janeiro: IUPERJ, 2007, p. 177.

118. AZEVEDO, Vicente de. O noivo da morte: Álvares de Azevedo. São Paulo: Clube do Livro, 1970, p. 63.

Santo, além de presidir a Província da Paraíba, em 1860, e a da Bahia, em 1865".[119] Afinal, quem mexeu tanto com Álvares de Azevedo? Quem era "tão estimado que o chamava, em inglês, *My dearest* (Meu mais querido)"?[120]

Um dos meus primeiros achados foi um perfil de poucas páginas, que privilegiou o tempo em que Luiz esteve na Bahia. Escrito por Arnold Wildberger, integrou o livro *Presidentes da Província da Bahia: 1824-1889*, publicado, em 1949, pela Tipografia Beneditina, em Salvador. Logo percebi ter em mãos um texto sobre homens balizados como ilustres — elegíaco, elitizado e higienizado. Chapa branca, pequeno, mas bastante útil como indiciário.

Luiz nasceu em 2 de junho de 1830, na capital gaúcha. Era filho de Luiz Antônio da Silva (1787?-1846), moço fidalgo da Casa Imperial e escrivão em Porto Alegre, e de Constança Clara D'Ávila Crystal, que teria nascido em *importante* família do RS.

O pai era natural do Rio de Janeiro. Filho de José da Silva Nunes e de Maria Teresa de Jesus. Casou em primeiras núpcias com Rosa Joaquina da Silva, nascida na ilha do Faial, no arquipélago de Açores. Rosa, no entanto, já vinha de outra união, da qual era viúva. Do matrimônio entre Luiz e Rosa não houve prole. No Arquivo Público

---

119. JÚNIOR, R. de Magalhães. *Poesia e vida de Álvares de Azevedo*. São Paulo: Editora das Américas, 1962, p. 48.

120. JÚNIOR, R. de Magalhães. *Poesia e vida de Álvares de Azevedo*. São Paulo: Editora das Américas, 1962, p. 49.

do Estado do Rio Grande do Sul (APERS), localizei o processo de inventário movido por ele após o óbito da consorte, ocorrido em 30 de outubro de 1840.[121]

No documento, foi citada como herdeira Ana Joaquina de Brum, filha que Rosa Joaquina teve do casamento com José Dias Nunes. Ana Joaquina (de Jesus Dias Nunes) casou, em 24/09/1821, com José Narciso de Brum. Como era costumeiro, em inventário, foi decidido para quem ficariam os escravizados, partes do espólio: Manoel, de nação Cabinda, Antônia e Joaquina, ambas de nação Benguela.

Não muito tempo depois, em segundas núpcias, Luiz Antônio da Silva desposou Constância Clara de Souza, nome com o qual figurou algumas vezes nos documentos pesquisados, de quem teve os filhos Luiz e Maria. Ele acabou falecendo em 16/05/1846, em Porto Alegre.

Complementei os dados de Constância em pesquisa no Arquivo da Cúria Metropolitana de Porto Alegre. A arquivista Vanessa Gomes de Campos auxiliou na identificação de registros de nascimento e batismo feitos na cidade de Triunfo/RS. Constança nasceu em 06/02/1803 e foi batizada em 26/02/1803. O pai era Jozé de Ávila Cristal (e Souza), nascido em Porto Alegre, e a mãe era Francisca Matildes de Oliveira (1777-1822), nascida em Porto Alegre. Tanto os avós maternos — Antônio de

---

121. Processo 1º Cartório de Órfãos. Inventariado: Rosa Joaquina da Silva. Inventariante: Luiz Antônio da Silva. Novembro de 1840. APERS. Processo nº 1326. Maço 65.

Ávila (Machado) e Anna Luísa — quanto os paternos — Francisco Jozé Flores e Luzia de Jesus — eram naturais das Ilhas.

Por vezes, ela foi nomeada Constância. Em outras, Constança. A punho, usava a primeira forma, embora no livro de registros esteja a segunda. Passado algum tempo da morte de Luiz, foi feito o inventário[122], em que constam pormenores dos filhos: Maria Thereza da Silva (1833-1905), àquela altura casada com Antônio Luiz Pereira da Costa[123], embora fosse mais nova do que o irmão; e Luiz Antônio da Silva, que ainda era menor, e para o qual a mãe precisou indicar um tutor homem. Quem se tornou responsável foi o genro de Constância.

Novamente, foram relacionados como bens os escravizados Caetana, Geraldo, Joaquina, Manoel e Paula. Leituras de originais fazem sentir o peso de saber humanos enumerados junto a relógios de parede, bacias de arame, baús cobertos de couro, mesas, cadeira de balanço de mogno e outros objetos — como nesse caso. Naquele tempo, no entanto, era comum que as famílias mais abastadas fossem servidas por escravizados.

---

122. Processo 1º Cartório de Órfãos. Inventariado: Luiz Antônio da Silva. Inventariante: Constança Clara da Silva. Janeiro de 1848. APERS. Processo nº 1627. Maço 79. Nesse documento, ela assina como *Constancia*.

123. O matrimônio foi em 09/01/1847, em Porto Alegre.

No testamento deixado pelo marido de Constância, ele destacou, sobre Luiz e Maria: "[...] nasceram quando eu ainda era casado com aquela minha primeira mulher, Rosa Joaquina". Frutos de uma relação extraconjugal, não foram óbice à projeção de entrada no Céu, uma vez que abriu o testamento se colocando como católico fervoroso, que sempre professou a lei de Deus. Também parece não ter sido os filhos únicos dos dois. Em 03/08/1828, Constância Clara de Souza registrou, em Porto Alegre, o nascimento de uma menina chamada Maria, nascida em 16/04/1828. O nome do pai não foi revelado. Provavelmente essa filha — mesmo nome da segunda — não vingou.

Dela também pude encontrar alguns documentos no APERS. Em 1838, ela moveu um processo de execução fiscal contra Serafim dos Anjos França, que culminou com o pagamento da dívida por este com a venda de dois escravos: Felipe e José. Ela permaneceu à frente do processo até 1842, quando Luiz Antônio da Silva, então seu marido, passou a figurar como dianteira na execução.[124] Não alcancei sua data de óbito.

---

124. Processo Judicial/Executiva nº 1675, 01/01/1838. Código de referência: BR/RS/APERS PJ 004/0001/0007/0001/0001.

A mesada do imperador

Conforme Wildberger, Luiz Antônio da Silva *Nunes* iniciou os estudos em Porto Alegre e, depois, seguiu para o Rio de Janeiro. No RJ, frequentou o Colégio D. Pedro II, onde conheceu Álvares de Azevedo. Formado como bacharel em Letras, em 1848, teria perdido um ano de estudos em razão de uma enfermidade, quando teria voltado ao RS.

Confesso não saber de onde veio o *Nunes*. Do avô paterno, José da Silva Nunes? O outro *Nunes* até então presente em minhas pesquisas foi o há pouco citado José Dias Nunes, primeiro marido de Rosa Joaquina, primeira esposa do pai de Luiz. O sobrenome apareceu a certa altura no inventário dos bens do falecido pai, em 1848. Terá sido para fazer diferenciação do nome paterno, do qual era homônimo? Era um motivo, no tempo do império, para incorporar um sobrenome. *Porto Alegre*, por exemplo, utilizado pelos escritores gaúchos Apolinário Porto Alegre (1844-1904) e Aquiles Porto Alegre (1848-1926), teria sido recurso do pai desses, um senhor de sobrenome Gomes, que queria distância de um homônimo seu, Antônio José Gomes, conhecido contraventor.

Em petição ao juiz, o de então em diante Luiz Antônio da Silva *Nunes* informou a conclusão do curso no D. Pedro II e o desejo de seguir para a magistratura, o que teria sido a vontade de seu pai. No entanto, como o progenitor falecera, encontrava-se sem recursos. Disso, solicitou a venda da parte do que lhe pertencia na partilha. Luiz fez o pedido para que a autoridade judicial o autorizasse à transação comercial, mesmo que tivesse 20 anos, porque a maioridade era considerada a partir dos 21, no que parece ter sido bem-sucedido.

Todavia, Wildberger destacou a perduração das dificuldades financeiras, que o teriam levado a dar aulas (particulares?) assim que formado no D. Pedro II. Um de seus alunos teria sido Arthur Silveira da Mota (1844-1914), conhecido futuramente como Almirante Jaceguaí. Arthur era filho de José Ignácio Silveira da Mota (1811-1893), tio materno de Álvares de Azevedo, com quem o poeta passou algum tempo, em 1844. Jaceguaí lutou na Guerra do Paraguai, sendo promovido a capitão de mar e guerra quando contava 26 anos, um feito considerado inédito nessa idade. Em 1907, foi eleito membro da Academia Brasileira de Letras, sendo suas obras voltadas às questões militares.

Lembrando que, em 1844, Azevedo teria voltado para São Paulo para cuidar da saúde em companhia de José Ignácio, então professor da Faculdade de Direito. Enquanto alguns acusam o poeta de excessivamente centrado em questões comezinhas, de ignorar os horrores da escravidão, aos quais não fez mais do que breves citações, o tio chegou a ser senador, tendo a oportunidade de usar a voz para defender uma lei que, a partir de 1862, passou a impedir a venda separada de escravizados quando pais e filhos ou marido e mulher.

Além de dar aulas, Luiz teria recebido uma mesada do imperador para o custeio dos estudos. Esse tipo de auxílio parece não ter sido tão raro. Ofertado por motivos diversos, podia ser resultado de simples empatia.

Foi assim que o poeta e jornalista gaúcho Carlos Augusto Ferreira (1844-1913), que elogiou o monarca com versos que enalteceram as tropas brasileiras na Guerra do Paraguai, conseguiu a sua. Mais tarde, Ferreira se tornou republicano, mas sempre com um sentimento de agradecimento pelo gesto de D. Pedro II. Não era uma política de cotas com critérios. Mas uma distribuição de cotas, sem dúvida. A elite econômica, entre outros privilegiados, pouco faz para rememorar que se autoconcederam várias benesses ao longo dos tempos, enquanto deprecia aquelas oriundas de políticas públicas voltadas ao combate à desigualdade social.

Com o diploma de bacharel de Letras em mãos, seguiu para São Paulo, onde se matriculou na Faculdade de Direito. Estava com 20 anos. Dali teria saído, antes de finalizar o curso, cerca de três anos depois, rumo à Faculdade de Direito de Olinda (PE). De acordo com Wildberger, ele quis acompanhar um amigo reprovado na Faculdade de Direito de São Paulo. Curioso.

Álvares de Azevedo também pretendia terminar os estudos em Pernambuco, em parte porque estava atemorizado pelas mortes de dois estudantes do quinto ano do curso que frequentava, em São Paulo. Em 1850, suicidou-se Feliciano Coelho Duarte (1828-1850). Em 1851, foi a vez de João Batista da Silva Pereira expirar. Nota em *O Commercial* anunciou um terceiro falecimento, quando referiu o segundo *en passant*: "Apenas tem decorrido mês e meio que o corpo acadêmico tomou luto por oito dias pela morte do estudante do 5º ano João Batista da Silva Pereira Júnior, filho do Rio Grande do Sul, e já tem eles de lamentar a perda de outro colega [...] Fernandes Moreira, da província de Minas Gerais [...]".[125] Moreira não era quintanista.

Pereira, que faleceu em 1851, era filho de João Batista da Silva Pereira (1797-1853), o barão de Gravataí, e de Maria Emília da Silva Menezes (1802-1888), a baronesa? Foram eles que, na Porto Alegre de 1826, ergueram o Solar da Baronesa, ao qual foram agregando lotes da região, em uma área que se tornaria conhecida como Arraial da Baronesa (hoje Cidade Baixa). Em 1845, teriam hospedado D. Pedro II e a esposa, donde o título de nobreza. Não consegui avançar em nenhuma pesquisa genealógica para confirmar a paternidade. Localizei apenas netos do barão com o mesmo nome do falecido, mas todos nascidos depois de 1851.

O poeta teria ficado apavorado com a ideia de ser o próximo quintanista a sucumbir, crença em alguma espécie de maldição que vitimava um estudante do quinto ano a cada período de doze meses. Veiga Miranda, no entanto, disse que essa decisão fora motivada por restrições médicas ao tempo de São Paulo, sempre castigada pela garoa fria e pela mudança de temperatura.[126]

No período de doença de Azevedo (10/03/1852-25/04/1852), gazetas registraram embarques de Luiz

---

125. FALECIMENTO. *O Commercial*: São Paulo, 04/11/1851, p. 4.
126. VEIGA, Miranda. *Álvares de Azevedo*. São Paulo: Empresa Gráfica da Revista dos Tribunais, 1931, p. 276.

em alguns navios. O jornal *Aurora Paulistana* informou a sua chegada ao porto de Santos em 19/03/1852, vindo do Rio de Janeiro pelo *Nacional Fluminense*.[127] Não pude identificar a presença no enterro. Quem discursou no cemitério do Hospício de Pedro II, na Praia Vermelha, foram Joaquim José Teixeira (1811-1885), o escritor Joaquim Manuel de Macedo (1820-1882) e Domingos Jacy Monteiro, o primo. Luiz estava presente? Não poderia ser considerado jovem demais para discursar. Monteiro era mais novo do que ele. O próprio Azevedo, ainda rapazola, foi orador no enterro dos dois quintanistas acima citados.

Em rol de chegadas e partidas de passageiros no porto de Pernambuco, em 14/03/1853, localizei outra informação: a de que se fazia acompanhar por um escravizado.[128] No mesmo ano, apareceu na relação de pessoas que foram conhecer D. Pedro II e a imperatriz no Paço Imperial. Junto a ele estava o bacharel José Maria Velho da Silva.[129] Provavelmente, Luiz agradeceu a ajuda financeira que o império lhe concedia.

Do período de faculdade, no esboço biográfico repleto de lisonjas, Wildberger o retratou como um estudante destacado pelo "amor ao estudo, assiduidade às aulas

---

127. AVISO marítimo. *Aurora Paulistana*: São Paulo, 19/03/1852, p. 4.

128. MOVIMENTO do porto. *O Liberal Pernambucano*: Pernambuco, 14/03/1853, p. 4.

129. PAÇO imperial. *Correio Mercantil*: Rio de Janeiro, 05/12/1853, p. 1.

e profunda inteligência".[130] No Nordeste, os estudos iniciaram em Olinda, mas acabaram em Recife, para onde a instituição foi transferida. Em 1854, Luiz concluiu Ciências Jurídicas e Sociais.

Silva Nunes e a família do barão de Muritiba

Em 1854, Luiz teria iniciado a carreira jurídica com o pai de Álvares de Azevedo, o jurista Inácio Manuel Álvares de Azevedo. Este estava separado da esposa, que, ao falecer, não quis ser enterrada junto ao ex-marido. *Mãozinha*, apelido que recebeu depois de ter uma das mãos ferida por um tiro de espingarda acidental, sempre fora mulherengo[131] — talvez daí a separação e o rancor de dona Maria. Dessa forma, já que Álvares de Azevedo e o pai estavam na mesma sepultura, mãe e filho, que tão próximos eram em vida, ficaram apartados.

De alguns trabalhos junto com Manuel, há notas em jornais. O *Correio Mercantil*, em 24/03/1855[132], publicou um parecer assinado por ambos. No final desse mesmo ano, em 16/12/1855, o registro de uma viagem de Luiz,

---

130. WILDBERGER, Arnoldo. *Presidentes da província da Bahia*: 1824-1889. Salvador: Tipografia Beneditina Ltda, 1949, p. 645.

131. JÚNIOR, R. Magalhães. *Poesia e vida de Álvares de Azevedo*. São Paulo: Editora das Américas, 1962, p. 11 e 112.

132. PRAÇA do comércio: corretores. *Correio Mercantil*: Rio de Janeiro, 24/03/1955, p. 1.

acompanhado de um criado, para o RS.[133] As notas nas gazetas foram escasseando. A parceria com o pai de Álvares de Azevedo deve ter encerrado em 1856. Provavelmente seria do poeta o lugar ocupado por Luiz, porque consta que, em paralelo aos escritos, trabalhou em casos junto ao pai enquanto ainda estava na faculdade, tendo-se, desde cedo, reconhecido seu talento para a área jurídica.[134] Algum tempo depois, em 22/01/1857, Luiz parece estar advogando sozinho na Rua da Alfândega, nº 56, Rio de Janeiro.[135]

Em 1858, ele aceitou o cargo de oficial de gabinete do ministro da Justiça José Thomaz Nabuco de Araújo Filho (1813-1878). Araújo havia sido ministro da Justiça de 06/09/1853 a 04/05/1857. Assumiu mais uma vez em 12/12/1858, permanecendo no cargo até 21/03/1859, quando foi substituído por Manuel José Vieira Tosta (1807-1896), o barão de Muritiba. De extensa carreira política, Tosta recebeu os títulos de visconde e marquês. Da ala conservadora, esteve à frente da Província da Bahia durante a eclosão da Insurreição Praieira (1848-1850), que foi fomentada pelos liberais. Tosta também foi presidente da Província do RS (1855-1858) quando houve a grande epidemia de cólera, que dizimou boa parte da população.

---

133. NOTÍCIAS diversas. *Correio Mercantil*: Rio de Janeiro, 16/12/1855, p. 1.

134. MIRANDA, Veiga. *Álvares de Azevedo*. São Paulo: Empresa Gráfica da Revista dos Tribunais, 1931, p. 113.

135. Sem título. *Correio Mercantil*: Rio de Janeiro, 22/01/1857, p. 3.

O barão de Muritiba é indelével da biografia de Luiz. Em 1º de outubro de 1859, este se uniu para sempre com a família Tosta ao casar com uma de suas duas filhas, Joanna de Oliveira Tosta (1842-1913). Pouco depois, Luiz entrou para a vida política, integrando o Partido Conservador. Não detectei registros de seu posicionamento quando estudante. De Álvares de Azevedo sabe-se que, enquanto a família foi historicamente ligada aos conservadores, certas posições do filho incomodaram o pai, que receava vê-lo se juntando a liberais mais radicais. Uma poesia defendendo Pedro Ivo (1811-1852), líder da Insurreição Praieira (1848-1850), também costuma ser colhida da produção intelectual como inclinação para o pensamento liberal.

Presidente da Paraíba do Norte

O prestígio dos Tosta arranjou a nomeação para presidente da Província da Paraíba no ano seguinte. Nota de embarque publicada em 16/04/1860 informava que seguiam ao Norte o "Dr. Luiz Antônio da Silva Nunes, sua senhora, duas sobrinhas e cinco escravos".[136] A relação é digna de menção, porque a atuação política podia ser boa desculpa para homens casados deixarem suas mulheres para trás, experimentando novamente a solteirice.[137] Luiz

---

136. REVISTA diária. *Diário de Pernambuco:* Pernambuco, 16/04/1860, p. 2.

137. SCHWARCZ, Lilia Moritz; STARLING, Heloisa M. *Brasil:* uma biografia. São Paulo: Companhia das Letras, 2015, p. 282.

estava recém-casado; a esposa foi junto. A irmã de Luiz, Maria Thereza, acompanhou o casal.[138]

Oficialmente ele assumiu o poder em 18 de abril de 1860, ocupando o cargo antes exercido por Ambrósio Leitão da Cunha (1825-1898). Por quatro dias (14/04 a 17/04) havia assumido Manuel Clementino Carneiro da Cunha (1825-1890), conservador que teve a incumbência de repassar o bastão.

Luiz permaneceu até 17 de março de 1861, quando foi nomeado presidente o barão de Mamanguape, Flávio Clementino da Silva Freire (1816-1900), que era, até então, vice-presidente.

Na Paraíba, muitos recordavam a visita feita por D. Pedro II a algumas localidades. Era 1859 quando o imperador passou cinco dias por ali. Ambrósio, à frente da província, teria aproveitado para solicitar ajuda pecuniária para a Santa Casa de Misericórdia. Quando Luiz assumiu, descobriu que tal dinheiro, que D. Pedro II concordara em enviar, fora alocado para obras ditas mais urgentes, não chegando ao destino previsto. Tomada a ciência de que os valores haviam sido desviados, Luiz afirmou o desejo de organizar formas de a província poupar a quantia para destinar os recursos ao projeto inicial. Sem cobranças ao antecessor.

Apesar de a consorte ter vindo de mala e cuia, o marido acabou se afastando dela por um mês. Luiz empreendeu longa viagem pelo interior da Paraíba, considera-

---

138. SEIXAS, Wilson Nóbrega. *Viagem através da província da Paraíba.* João Pessoa: Secretaria da Cultura, 1985, p. 14.

da a primeira de um governante a alcançar o território todo. No lombo de um cavalo, iniciou, em 17/09/1860, reconhecimento que foi destacado como prova da boa administração pelos partidários, uma vez que outros geriram o mesmo espaço sem sequer tomar ciência da realidade das fazendas, dos povoados, das vilas e das poucas cidades. Demandava-se com frequência e ênfase, em forma de denúncia, que todos os políticos conhecessem as regiões que representavam. O gaúcho Qorpo Santo, do outro lado do continente, foi um dos que assinalou: "Achava eu bem convincente — que os nossos deputados provinciais, ao menos, viajassem pelas principais povoações da província, a fim de conhecerem suas mais urgentes e palpitantes necessidades".[139]

Em 1985, Wilson Nóbrega Seixas, dentista com tesão pela historiografia, refez o caminho percorrido por Luiz no sertão paraibano em um livro para o qual utilizou como fonte de informações o jornal *O Imparcial*.[140] Não foi uma aventura *single*, mas acompanhada por comitiva, cujos integrantes foram se revezando ao longo do trajeto. Muitas vezes, foi bem recepcionado pelos correligionários ao apear para inspeções ou descanso. Geralmente, era recebido com foguetórios e shows de música marcial. Bailes foram organizados. Em Alagoa Nova, Luiz "rece-

---

139. SANTO, Jozé Joaqin de Campos Leão Qorpo. *Ensiqlopedia*: ou seis mezes de uma enfermidade. Volume I. Porto Alegre: Imprensa Literrária, 1877, p. 178.

140. SEIXAS, Wilson Nóbrega. *Viagem através da província da Paraíba*. João Pessoa: Secretaria da Cultura, 1985.

beu despedidas das senhoras, que de suas janelas lhe atiravam flores e conservavam lenços erguidos e em movimento".[141] Mas nem todas as localidades o acolheram efusivamente. Em algumas, a ausência de líderes locais, do corpo da guarda nacional, indicava insatisfação com a pessoa ou o partido. Foi o que aconteceu em Vila do Ingá, Vila das Cabaceiras e outros lugares. Nas estadas, a rotina era verificar cadeia, câmara municipal, cemitério, escola e igreja.

Não era curiosidade mórbida o interesse nas necrópoles. Ao longo do século XIX, ocorreu uma mudança em relação à prática dos enterramentos. Os cemitérios passaram a ser vistos como caso de saúde pública. A recomendação científica era de que os corpos não deveriam mais ser sepultados dentro das igrejas — apenas uma localidade visitada por Luiz ainda conservava esse costume —, mas em terrenos distantes do núcleo populacional. Afastando os mortos, acreditavam evitar os miasmas, gases emanados dos corpos, que fariam mal aos vivos. O medo das exalações pútridas catapultava quando ocorriam epidemias.

Nas visitações às escolas, onde pedia a um ou outro estudante que lesse ou fizesse alguma outra demonstração do quanto havia aprendido, de vez em quando se incomodou com professores que via como relapsos. A instrução pública era preocupação constante. Álvares de Azevedo, se estivesse vivo, considerados seus discursos,

---

141. SEIXAS, Wilson Nóbrega. *Viagem através da província da Paraíba*. João Pessoa: Secretaria da Cultura, 1985, p. 98.

provavelmente uniria esforços. Veiga Miranda resumiu um discurso proferido pelo poeta, no qual este denunciou o descaso da monarquia com a instrução pública, que via como inexistente para as classes menos abastadas. Esse entusiasmo político fez estremecer o pai, que já fora juiz de Direito, chefe de polícia e deputado geral, mantendo interesses em uma boa relação com o governo. Justificando-se por carta, Azevedo disse ao pai que não se tratava de um sinal de liberalismo exagerado ou de republicanismo, apenas descrédito em ver tantas garantias em leis não efetivadas na prática.[142] Teriam Luiz e Azevedo sido opositores políticos no futuro?

No livro, Seixas discorreu pouco sobre Luiz como pessoa. Descrito como um homem "de porte grave e que guardava sempre muita seriedade"[143], a viagem lhe rendeu uma pequena indisposição, de um dia, talvez um piriri, e uma enxaqueca, que o acompanhou boa parte do tempo.

A passagem pela Paraíba também rendeu matérias em periódicos oposicionistas. No afã de desfazer a administração, atiravam para todos os lados. Constantemente reclamavam de atos administrativos ou do que apontavam como mau uso da verba pública. A aposentadoria compulsória de um chefe de seção da inspeção do Tesouro Nacional virou celeuma. Apontado como incapaz

---

142. MIRANDA, Veiga. *Álvares de Azevedo*. São Paulo: Empresa Gráfica da Revista dos Tribunais, 1931, p. 227-228.

143. SEIXAS, Wilson Nóbrega. *Viagem através da província da Paraíba*. João Pessoa: Secretaria da Cultura, 1985, p. 65.

para exercer a atividade profissional, José Bento Meira de Vasconcelos teria sido acometido por problemas físicos, que implicariam deficiências intelectuais e morais, conforme relatório enviado a Luiz por certo Costa Ribeiro.

Em vez da exoneração, foi concedido o benefício. Todavia, o próprio Vasconcelos alegaria que os proventos pareciam deferidos por ato ilegal, pedindo, apesar de se dizer velho e doente, a reintegração ao cargo.[144] A disputa narrativa se deu entre os que defendiam o presidente pelo gesto de comiseração, posto que poderia ter optado pela exoneração, e os que argumentavam ser benefício indevido. Teria Luiz confiado em demasia no relatório de Costa Ribeiro? O afastamento foi político? A oposição exagerou?

Hiperdimensionar era praxe. Disputas entre conservadores e liberais eram viscerais. Esquerdistas e direitistas de agora são *fichinha* perto da queda de braço no período imperial. As batalhas, no entanto, tinham como objetivo ocupar o poder. Os interesses, muitas vezes, não eram tão diferentes — sempre concentrados na elite. *O Despertador*, órgão de imprensa dos liberais, destacou as "torpezas da administração de Silva Nunes"[145], mesmo tempos depois da gestão. As atitudes de Luiz foram denunciadas como tendo um único fito: as eleições. O jornal *O Imparcial* teria sido criado com o mote de bajular

---

144. AINDA a demissão do Sr. Costa Ribeiro. *A Regeneração*: Paraíba, 01/05/1861, p. 4.

145. JORNAL da Paraíba. *O Despertador*: Paraíba, 07/11/1874, p. 2.

o presidente provincial, conforme denúncia estampada em 12/01/1861 pelo *Correio Mercantil*. A acusação foi assinada por um "velho liberal"[146]. *Senhor* que desnudou a dissimulação quase sempre presente na afirmação de imparcialidade, quando difundida por veículos de imprensa, desculpa que tem bem servido aos meios de comunicação interesseiros até os tempos de hoje.

Em contraponto, o *Diário de Pernambuco* descreveu, de acordo com recorte do famigerado *O Imparcial*, um baile oferecido a Luiz, realizado na Assembleia Provincial. Naqueles tempos, muitos presidentes de província eram recebidos como se o imperador fossem. Durante a festividade, ele e a esposa teriam sido brindados, bem como a administração da província elogiada pela prevalência do público sobre o privado. Além disso, recebeu homenagens por ter mantido a paz local.[147] À despedida "fez questão de abraçar, um a um, a todos os senhores que se dignaram a acompanhá-lo, e mostrou-se comovido ao separar-se dessa porção de amigos".[148] O retorno para o Rio de Janeiro ficou registrado em gazeta de 18/03/1861, um dia depois do desligamento oficial do cargo: embarcaram Luiz, "sua senhora e uma filha, uma irmã com dois menores e uma criada e três escravos".[149]

---

146. PARAHYBA do Norte. *Correio Mercantil*: Rio de Janeiro, 12/01/1861, p. 2.

147. PARAHYBA. *Diário de Pernambuco*: Pernambuco, 26/03/1861, p. 2-3.

148. SEIXAS, Wilson Nóbrega. *Viagem através da província da Paraíba*. João Pessoa: Secretaria da Cultura, 1985, p. 59.

149. Pernambuco. *Diário de Pernambuco*: Pernambuco, 18/03/1861, ▶

Deputado pelo Espírito Santo

Wildberger destacou que o ex-presidente voltou a montar banca de advogado no Rio de Janeiro, onde tinha renome. Somente depois, embora no mesmo ano, teria sido eleito para a vaga de deputado pelo Espírito Santo. O afastamento do cargo ocupado na Paraíba se deu, no entanto, para a posse. De qualquer forma, nem sempre posse e exercício significavam presença física. Antanho, muitos deputados não se deslocavam às províncias pelas quais tinham sido eleitos por extensos períodos. Por vezes, praticamente as desconheciam, mantendo-se na capital, o Rio de Janeiro.

Desde as prévias, o nome rendeu pano para a manga. O *Correio Mercantil*, em 10/10/1860, ralhou quando o viu "ousar apresentar-se candidato por uma província onde não tivesse nascido ou prestado serviços".[150] O jornal alegou que, das nove gestões de presidentes até então, somente uma fora de não nato na província.

Carta anônima, no *Correio Mercantil*, foi adiante:

> *Antes de ser genro do Sr. barão de Muritiba, o Sr. Nunes não passava de um advogado sem grande*

▶ p. 3. A irmã de Luiz deve ter enviuvado em Porto Alegre. Curioso que se tenha registrado uma filha, posto que foi Luiz Tosta da Silva Nunes quem nasceu na Paraíba.

150. PROVÍNCIA do Espírito Santo: a candidatura do Sr. Dr. Luiz Antônio da Silva Nunes. *Correio Mercantil*: Rio de Janeiro, 10/10/1860, p. 2.

> *nomeada; por ocasião da reforma da secretaria da justiça foi nomeado primeiro oficial; pode ser que como primeiro oficial prestasse serviços; mas é verdade que o seu grande merecimento só foi de fato reconhecido depois que se casou na casa do Sr. barão.*[151]

Luiz deveria ser candidato pelo RS, onde o barão de Muritiba havia sido presidente entre 1855 e 1856; pelo Sergipe, onde o sogro também já ocupara esse cargo em 1844; ou da Bahia, de onde o barão era natural, mas não da Paraíba do Norte, conclui o autor desconhecido. Essas acusações, aos olhos de hoje, parecem pertinentes. Para o império, no entanto, a indicação de líderes de fora da província poderia desmantelar núcleos de oposição em locais distantes da capital. Talvez não conseguisse desfazer os grupos, mas, ao menos, fragilizá-los com o alijamento do poder de mando.

Empossado para a décima primeira legislatura (1861-1864), os primeiros tempos não foram tranquilos. O *Jornal da Victoria* questionou:

> *Quais os títulos que apresenta perante a província o Sr. Dr. Silva Nunes para ser um dos seus representantes na câmara dos deputados? Não tendo domicílio na província, não a conhecendo senão*

---

151. PROVÍNCIA do Espírito Santo: o Sr. Dr. Luiz Antônio da Silva Nunes. *Correio Mercantil:* Rio de Janeiro, 23/10/1860, p. 2.

de passagem, desconhecedor das misérias com que ela luta, não havendo ato algum de S. S. que prove o amor por esta terra, não sabemos quais são os direitos do futuro candidato do partido conservador.[152]

Em 1862, interessante nota no *Jornal do Comércio*, do Rio de Janeiro, anunciava volumosa recompensa a quem "apreender e levar ao seu senhor, o Dr. Luiz Antônio da Silva Nunes, rua do Hospício n. 36 ou Detrás da Lapa n. 35, o escravo Clinio, pardo, de 23 a 25 anos de idade, estatura regular, delgado, cara comprida, bons dentes e pouca barba, o qual anda fugido há pouco mais de seis meses".[153]

Em 16/10/1863, seu nome apareceu novamente entre os candidatos eleitos à província[154]. A outra vaga foi ocupada por Antônio Pereira Pinto, que também não era da terra. Conforme Wildberger, a Câmara acabou dissolvida — decorrência nada incomum na queda de braço entre conservadores e liberais. Naqueles tempos, existiam dois órgãos políticos interligados: o Gabinete do Império do Brasil, formado pelos ministros do império, e a Câmara de Deputados. Em caso de conflito entre representantes do Gabinete e da Câmara, uma ou outra composição

---

152. TRANSCRIPÇÃO. *Jornal da Victoria*: Vitória, 02/09/1868, p. 2.
153. Sem título. *Jornal do Comércio*: Rio de Janeiro, 16/04/1862, p. 3.
154. NOTÍCIAS do interior: Espírito Santo. *Correio Mercantil*: Rio de Janeiro, 16/10/1863, p. 1.

podia simplesmente ser dissolvida pelo imperador. Nos *Anais do Parlamento*, consta que os diplomas conferidos a Luiz e a Pereira Pinto foram considerados ilegais por terem sido "passados em reunião clandestina de alguns vereadores, não na casa da câmara e em hora competente".[155] Nos seus lugares, foram empossados o desembargador José Ferreira Souto, do Partido Liberal, e o bacharel José Feliciano Horta de Araújo.

Apesar de Souto não ser do Espírito Santo, recebia tratamento da imprensa como se fosse. *O Amigo do Povo*, jornal de propriedade de liberais, em 08/08/1863, o elogiava dizendo ser "patrício, e quase comprovinciano"[156] enquanto vociferava contra alguns dos *cascudos* — nome pelo qual eram chamados os conservadores —, por não serem nascidos na terra que pretendiam governar. Facilmente se depreende que a guerra entre liberais e conservadores fazia da mesma situação — nascimento na província — qualidade ou defeito.

Depois dessa fase, Luiz viveu algum tempo afastado da política, período no qual atuou como advogado. Em 1864, atendia em escritório na Rua do Hospício, nº 36,[157] enquanto residia na Rua São Cristóvão, n. 27.

Uma terceira eleição para o cargo de deputado pelo Espírito Santo também foi atribuída à influência do barão

---

155. *Anais do Parlamento Brasileiro*: décima terceira sessão preparatória em 27 de dezembro de 1863, p. 72.

156. O amigo do povo. *O Amigo do Povo*: Vitória, 08/08/1863, p. 3.

157. Sem título. *Jornal do Comércio*: Rio de Janeiro, 06/01/1864, p. 3.

de Muritiba. Tanto que, seguindo o nome do candidato, em algumas gazetas aparecia, entre parênteses, o do sogro. Ironia pura. "Os nossos representantes têm feito um papel muito triste. O Silva Nunes, basta saber-se que é genro do ministro para saber-se que é escravo do governo, e não deputado da nação"[158], reclamou alguém com o pseudônimo *Capichaba*. Novamente, não foi o único deputado eleito que não era nascido no Estado. O outro, o bacharel Custódio Cardoso Fontes, era natural do Rio de Janeiro.

Pretendendo questionar a indicação, o jornal *O Amigo do Povo* o apresentou conforme segue:

> *E quais são os títulos do Sr. Silva Nunes? Eu vos explico ... O Sr. Nunes, foi estudar em São Paulo às expensas do finado José Maria Velho, mordomo da Casa Imperial. Voltando formado, o seu protetor abriu um escritório de advocacia em um sobrado que possuía na rua do Hospício (na corte), e foram trabalhar juntos ele e um filho do protetor. Correram os meses, e os dois moços amigos iam se esforçando por adquirir clientela. Morreu o sr. José Maria Velho, nada deixa em testamento ao sr. Silva Nunes, e este moço, não sei por que artes, arrufa-se com o filho de seu protetor, e fica único senhor e protetor do sobrado!!!! Depois o novo proprietário casou com a filha do Sr. Barão de Muritiba, e teve em dote a deputação por esta província e a presi-*

---

158. CAPICHABA, O. Correspondência. *Jornal da Victoria*: Vitória, 25/09/1869, p. 2.

dência da província da Paraíba. Lá foi o moço feliz para a Paraíba, recebendo uma famosa ajuda de custo, segundo o louvável costume dos cascudos; toma conta de presidência e se torna um verdadeiro Régulo! Prende, demite e desterra a todos que não se curvaram a sua vontade, e volta garboso para o Rio de Janeiro a fim de receber o diploma de deputado que daqui lhe foi enviado! O moço feliz toma assento no parlamento, recebe em face as mais graves acusações pelas arbitrariedades que praticava na infeliz Paraíba, e — nem uma palavra disse em sua defesa — sucumbiu!!! Fechadas as câmaras em 1862, veio o moço venturoso ver pela primeira vez a província que o havia eleito, e recebendo um baile dado por seus amáveis amigos, não se dignou dançar nenhuma contradança. Por que o seria? Dar-se-ia o caso do venturoso mocinho não ter achado nenhuma das nossas patrícias merecedoras de dançar com ele, ou estaria com aspirações a algum trono vago, e por isso quis conservar-se com toda a gravidade de régio candidato?! [159]

José Maria Velho da Silva (1795-1860), nascido no Rio Grande do Sul, esteve por muitos anos a serviço particular de D. Pedro I e, depois, de D. Pedro II, que o chamou para ser mordomo imperial, em 1846, atividade na

---

159. O amigo do povo. *O Amigo do Povo*: Vitória, 08/08/1863, p. 2.

qual permaneceu até 1855. Ele foi escritor de poesias, biografias e livros didáticos. O mordomo da Casa Imperial, uma espécie de gestor administrativo, provavelmente era responsável por repassar a mesada autorizada para os estudos de Luiz. José Maria Velho da Silva era casado com Leonarda Maria Velho da Silva, dama honorária da imperatriz, de quem teve dois filhos: Mariana Velho da Silva, futura viscondessa de Ubá; e José Maria da Silva Velho[160], com quem Luiz se dirigiu ao Paço Imperial para cumprimentar D. Pedro II, em 1853. A *Gazeta Forense*, em 24/09/1857, registrou a aprovação dos nomes de Luiz e de José Maria da Silva Velho para o Instituto dos Advogados. Essa instituição foi criada, em 1843, com o intuito de representar uma classe cada vez mais numerosa, sendo organismo do qual se origina a futura OAB — Ordem dos Advogados do Brasil.

Questionado por suas escolhas políticas, de vez em quando Luiz publicava em sua defesa. Foi o que aconteceu em *O Estandarte*, para onde enviou matéria datada de 19/12/1868, afastando as acusações de apoio ao nome de Dionísio Resendo (o coronel Dyonisio Rozendo), chefe dos conservadores, para vice-presidente da província.[161]

---

160. PASCUAL, A. D. *Esboço biográfico do conselheiro José Maria Velho da Silva*. IHGB. Rio de Janeiro, Tipografia Domingos Luiz dos Santos, 1861.

161. NUNES, Luiz Antônio da Silva. Província do Espírito Santo: diário do Rio. *O Estandarte*: Cachoeiras de Itapemirim, 17/01/1869, p. 3.

Eleito novamente, assumiu uma das vagas de deputado pelo Espírito Santo, para a décima quarta legislatura (1869-1872)[162]. Não muito tempo depois, no entanto, partiu para a Assembleia Provincial do RS, para onde teria sido eleito, conforme Wildberger, sem se candidatar. Em terras gaúchas, apoiou a sugestão da construção de um porto, a ser denominado "porto das Torres", no hoje município de Torres, proposta questionada em matéria de *O Constitucional*[163], ideia que voltaria à pauta inúmeras vezes nas décadas seguintes.

A passagem pelo seu Estado natal gerou controvérsia de certa duração. Sua capacidade de atuação foi questionada pelo colega Bittencourt, que assim o definiu: "O Sr. Silva Nunes, embora da Província do Rio Grande, saiu menino para um colégio desta corte, e voltou depois de formado, homem feito, depois de uma ausência de mais de quinze anos, e esteve ali creio menos de 15 dias, voltando depois para a corte, donde não voltou à província senão no ano passado..."[164] Bittencourt não somente expressou descontentamento, como disse que a escolha do império em nomear Luiz tinha causado a cizânia entre os conservadores do Estado. A estada no RS parece ter

---

162. Conforme registra o jornal *O Correio da Victoria*, de 08/04/1869 (página 3), Luiz alcançou 141 votos. O segundo mais votado foi Custódio Cardoso Fontes, com 127 votos.

163. PORTO das Torres. *O Constitucional*: Porto Alegre, 20/04/1871, p. 1.

164. DISCURSO proferido na sessão de 13 de junho de 1871. *O Constitucional*: Porto Alegre, 13/07/1871, p. 1-2.

sido fugaz, porque em 27/04/1871 era anunciada a volta ao Sudeste daquele que "no curto espaço de tempo, que esteve nesta capital tornou-se notável, como cidadão, pelo seu ar sisudo e circunspecto, e como deputado pela parcimônia das palavras".[165] Entre 1872 e 1875, Luiz retornou à atividade profissional como advogado.

Presidente da Província da Bahia

Em 1875, Luiz foi nomeado presidente da Província da Bahia. Enquanto em exercício, a banca de advogado, no Rio de Janeiro, ficou sob a gerência do bacharel Antônio de Amorim Garcia (1850-1913).

Na Bahia, a gestão ficou marcada pelos trabalhos em uma estrada que ligaria Salvador a Juazeiro e pela inauguração do Asilo de Mendicidade, em 1876, na capital. O asilo foi erguido com grande aporte de doações, sendo que, em conformidade com o testemunho do deputado Corrêa Garcia, "à testa desta cruzada se achava a virtuosíssima esposa do exmo. sr. conselheiro Silva Nunes".[166]

No Relatório com que o Excelentíssimo Senhor Presidente Doutor Luiz Antônio da Silva Nunes abriu a Assembleia Legislativa Provincial da Bahia, no dia 1º de maio de 1876[167] (Rel. LASN, 1876), Luiz fez questão de relatar a

---

165. RETIRADA. *O Constitucional*: Porto Alegre, 27/04/1871, p. 3.

166. ANNAES da Assembleia Legislativa Provincial da Bahia. Sessões do anno de 1877. Volume 2. Bahia: Typographia do *Correio da Bahia*, 1877, p. 79.

167. Publicado pela Tipografia do *Jornal da Bahia* em 1876.

parada do navio Hevelius na costa baiana. A embarcação, que não pôde atracar devido a restrições sanitárias em razão de surto de febre amarela no Rio de Janeiro, de onde partira, levava D. Pedro II aos Estados Unidos. Nessa viagem, o imperador traria de volta ao Brasil alguns modelos de uma novidade norte-americana: aparelhos de telefone. Os baianos teriam feito muitas reverências ao monarca. Assim como ocorreu na Paraíba, por pouco o encontro de Luiz com o monarca não aconteceu na província que geria.

O relatório, assim como muitos daquele tempo, revelou diferentes mazelas da época. Luiz relacionou que, no ano anterior à sua posse, haviam sido recolhidos à prisão 403 escravos fugidos. Ficaram registrados um suicídio motivado "por desgosto proveniente do estado de cativeiro [prisão]"[168] e duas tentativas decorrentes de "desgosto proveniente do estado de escravidão"[169].

No *Relatório em que ao Ilustríssimo e Excelentíssimo Senhor Desembargador Henrique Pereira de Lucena passou a Administração da Província em 5 de fevereiro de 1877 o Excelentíssimo Senhor Conselheiro Luiz Antônio da Silva Nunes*[170] (Rel. LASN, 1877), Luiz destacou como razões da criminalidade naquela província:

> [...] *a falta de força pública indispensável a des-*

---

168. Rel. LASN, 1876, p. 10.
169. Rel. LASN, 1876, p. 10.
170. Relatório impresso pela Tipografia do *Jornal da Bahia*, em 1877.

tacar em todos os termos da Província, a fim de prevenir os crimes, e capturar os criminosos foragidos, que zombam da ação da justiça; a necessidade de educação civil e moral de que se ressentem ainda diversas camadas da nossa sociedade; a falta de meios de trabalho para o excessivo número de indivíduos, que vivem sem emprego, em ociosidade completa; a prostituição, os vícios que em grande escala desenvolvem-se; o nenhum interesse que revela a nossa população pela repressão dos crimes, já não se prestando a prender em flagrante os delinquentes, já negando-se a depor a verdade nos processos instaurados; o patronato, que nas localidades do centro, manifesta-se sempre, de parte das influências políticas para com os seus protegidos, com grave entorpecimento à ação da justiça [...].[171]

Apesar de conhecer a realidade do regime servil, consoante nota no jornal *O Paiz*, Luiz fez parte da dissidência conservadora, que não concordava, por exemplo, com a proposta da Lei do Ventre Livre[172]. Isso embora o projeto de lei fosse de autoria dos conservadores, seus parceiros. Na verdade, foi um tanto complexa a posição de liberais e conservadores sobre a questão do escrava-

---

171. Rel. LASN, 1877, p. 9.
172. VIDA social: falecimentos. *O Paiz*: Rio de Janeiro, 03/10/1911, p. 5.

gismo. Mesmo tendo os intelectuais liberais sido abolicionistas, na prática, nem sempre foi dessa forma. Muitos deles eram latifundiários dependentes de mão de obra negra. Os conservadores emplacaram a maioria das leis que foram extinguindo a escravidão, embora tenham tido vários interesses pessoais nisso, como uma transição lenta da mão de obra escravizada para a assalariada, que cresce com a vinda de imigrantes europeus; maior preocupação com a imagem do país diante dos outros países do mundo do que com os escravizados; entre outros.

Pode-se considerar que Luiz tenha seguido orientações do barão de Muritiba, seu sogro. Este, nas discussões sobre propostas de emancipação total e direta, contra-argumentou em favor de um processo gradual. Contrário à libertação nos anos 1870, sugeriu que fosse postergada para os anos 1880. Assim, o barão protegia os latifundiários, bem como, conforme alegou, salvaguardaria os brancos que viviam nas cidades, que não estariam preparados para as desordens que aconteceriam no ambiente urbano tomado por africanos e seus descendentes.[173] Negros libertos eram bastante temidos. Controlar esse medo — tornando-o mais ou menos intenso — era estratégico politicamente.

Sobre os presos nas cadeias baianas, Luiz alertou serem necessários cuidados sanitários, justificados por recorrentes febres, perturbações digestivas e problemas

---

173. PEDROSA, Matheus Monteiro. *Escravidão, publicidade e Parlamento:* o encaminhamento da Lei do Ventre Livre de 1871. Dissertação. UERJ: Rio de Janeiro: 2018, p. 155.

do trato respiratório. Ele chegou a elogiar a condução de uma cadeia, "frequentada pela maioria dos presos que para ali entram, muitos dos quais inteiramente analfabetos, e que hoje sabem regularmente escrever" graças a aulas de instrução primária dentro do estabelecimento, para as quais "o ordenado do que percebe o atual professor me parece demasiadamente insuficiente para compensar o trabalho que tem a seu cargo".[174] Ele indicava preocupação com o funil gigantesco que limitava o acesso ao ensino, embora sua questão central parecesse a centralização do estudo secundário na capital, o que permitiu, penso, tangenciar outras questões sociais:

> *Hoje só pode ter alguma instrução [...] o menino cujos pais podem fazer o sacrifício das grandes despesas que demandarão a viagem para esta Capital e a forçada residência nela durante anos. Instituiu-se destarte um verdadeiro privilégio para os ricos e abastados, que aliás infelizmente não abundam no nosso centro.*[175]

Informado pelo inspetor de saúde pública, discorreu sobre as principais doenças que acometiam a população: varíola, beribéri, febres catarrais, sífilis e tuberculose. Sobre a epidemia de varíola, disse que "apesar dos esforços feitos pelo Governo para a propagação da vacina, a ignorância e a indolência do povo"[176], que ignorava a va-

---

174. Rel. LASN, 1876, p. 21.
175. Rel. LASN, 1876, p. 98.
176. Rel. LASN, 1876, p. 37.

cinação, era a causa da disseminação. Luiz permaneceu na Bahia até 05/02/1877, embora tenha sido exonerado, a pedido, antes disso.

Em 06/01/1877, em uma crítica em forma de folhetim, perguntaram o que ainda fazia na Bahia, se havia pedido afastamento em razão do estado de saúde, uma vez que não era mais presidente.[177] Com a proximidade da saída — e em seguida a essa —, o escrutínio do governo tomou os debates. Opositores apontaram como suspeita a primeira reimpressão do relatório de presidente de província, que Luiz encomendou em outubro de 1876, fato até então inédito. Tiragem única sempre dera conta de suprir a distribuição de exemplares a quem devido.[178] Acusaram-no de "esbanjamentos dos dinheiros públicos".[179] No bojo, também, denúncia de compra de algumas estátuas para ornar a praça do Palácio[180], visto como gasto desnecessário.

A disputa entre conservadores e liberais novamente fomentou debates sobre índole e atuação. Essas quizilas, dado o constante embate entre os partidos, tinham fôlego independentemente de bom ou mau desempenho do governante. Inventava-se, aumentava-se, distorcia-se.

---

177. FOLHETIM: chronica. *O Monitor*. Bahia, 06/01/1877, p. 1.

178. NOVA edição do relatório presidencial. *O Monitor*. Bahia, 06/01/1877, p. 2.

179. RESPOSTAS do Jornal. *O Monitor*. Bahia, 13/01/1877, p. 1.

180. O aformoseamento da praça do Palácio. *O Monitor*. Bahia, 30/03/1878, p. 1.

Por vezes, era completa verdade. Evidentemente, o último caso facilitava as acusações.

Em 1877, o *Jornal do Comércio* apresentou carta rebatendo parte das imputações de *O Monitor*, pertencente ao grupo liberal, dando ênfase aos "bons resultados de sua administração pela arrecadação que se tem efetuado"[181]. Doutro lado, conforme os *Anais da Assembleia Legislativa Provincial da Bahia de 1877*[182], o deputado Porto alegou ser incorreta a informação de que ele teria equilibrado as contas da província.[183] As acusações no jornal *O Monitor*, administrado por Agripino José Lopes, atribuíam ao governo conservador pouca transparência. Ao serem remetidos ao *relatório* deixado por Luiz ao final da presidência, que provaria sua boa-fé e série de ações, definiram o documento como pouco claro. Indicaram, também, trechos inteiros copiados de relatórios de administradores de instituições subalternas ao governo, que teriam se vangloriado excessivamente de si mesmos em vez de retratar a realidade.[184]

Em 27 de fevereiro, o *Jornal do Comércio* registrou o retorno para a Corte, no dia 05/02, do "Sr. Conselhei-

---

181. BAHIA. *Jornal do Comércio*. Rio de Janeiro, 12/02/1877, p. 1.

182. ANNAES da Assembleia Legislativa Provincial da Bahia. Sessões do anno de 1877. Volume 2. Bahia: Typographia do *Correio da Bahia*, 1877.

183. FINANÇAS da Bahia. *Jornal do Comércio*. Rio de Janeiro, 01/04/1877, p. 3.

184. A administração provincial. *O Monitor*. Bahia, 04/01/1877, p. 1.

ro Silva Nunes, com sua família, deixando sinceras e vivas saudades a todas as pessoas com quem entretinham relações".[185] Wildberger retratou Luiz como um homem notável, sem embaraços na carreira. Apesar de não haver como fazer julgamentos a *posteriori* sobre boa parte das escolhas, de tampouco ser fácil identificar o que era fato ou não na luta verbal entre conservadores e liberais na imprensa, não há dúvida de que o esboço biográfico de Wildberger foi limpo das contradições inerentes à política, donde, no mínimo, incompleto. À semelhança da tão criticada história narrada do ponto de vista dos vencedores, a escrita laudatória escamoteou derrotas, erros e falhas, que são quase inerentes à atividade política — ou melhor, humana.

Últimos anos no Rio de Janeiro

Segundo Wildberger, ao voltar para o Rio de Janeiro, Luiz ficou recluso por cerca de dois anos em razão de uma doença. Estaria desgostoso com a política. Depressivo? Depois disso, tornou à profissão de advogado, especializando-se em direito comercial. O rápido encerramento pode estar correto, mas escondeu uma parte da verdade: a de que houve tentativas de retorno fracassadas ao palco político.

O Rio de Janeiro, então capital do país, se *modernizava* — sei que há dúvidas sobre o que esse termo significa.

---

185. BAHIA. *Jornal do Comércio*: Rio de Janeiro, 27/02/1877, p. 3.

Nos primeiros anos da década de 1880, por exemplo, a cidade passou a contar com telefones regulares, algo que D. Pedro II achara tão interessante na viagem aos Estados Unidos poucos anos antes. Nesse período, notas em jornais dão conta de que o barão de Muritiba arquitetava para que Luiz fosse nomeado presidente dessa província cheia de novidades[186], no que não foi exitoso.

Em 1881, uma circular publicada no jornal *Echo do Sul*, replicada no *Jornal do Comércio*, assinada pelo barão de Muritiba, indicava a candidatura de Luiz a uma vaga na Assembleia pelo Estado do RS.[187] Em 1882, concorreu a vereador para a Câmara Municipal do Rio de Janeiro, sem sucesso, ficando em trigésimo segundo lugar entre 42 candidatos com votos contabilizados.[188] Em 1884, deve ter efetuado tentativa de eleição como deputado pelo RS, porque nota no gaúcho *A Federação* registrou desagrado com as escolhas dos conservadores do Estado, principalmente com o líder. Provavelmente não o indicaram como candidato, ao que retrucou dizendo que continuava a disponibilizar seu nome, uma vez que os eleitores do 5º distrito eram livres para fazer suas escolhas.[189] O escolhido pelos conservadores foi João de

---

186. NOTICIÁRIO. *A Pátria*: Rio de Janeiro, 10/11/1877, p. 1.

187. PROVÍNCIA do Rio Grande do Sul. *Jornal do Comércio*: Rio de Janeiro, 03/10/1881, p. 3.

188. ELEIÇÃO municipal. *Gazeta de Notícias*: Rio de Janeiro, 05/07/1882, p. 1.

189. ENTRE co-religionários. *A Federação*: Rio Grande do Sul, 11/08/1884, p. 1.

Miranda Ribeiro Sobrinho. Luiz ficou em quarto, com 66 votos; João Miranda ficou em segundo, com 708 votos.[190] No ano seguinte, no entanto, algo — que não identifiquei — o levou a abrir mão de nova candidatura.[191] Esse sim parece ser o ponto final da carreira política.

Em 1886, mostrando ainda ter contato com a família de Álvares de Azevedo, Luiz lançou o inédito e não acabado *O conde Lopo*, ao qual introduziu da seguinte forma:

> *Depois do largo espaço de tempo decorrido desde a publicação das obras do nosso ilustre e caro amigo, o distinto brasileiro Álvares de Azevedo, tão prematuramente arrebatado às afeições da família e à pátria que ele honraria ainda mais, se mais lhe fosse dado viver, fazemos publicar parte dos manuscritos que deixou, e que talvez se ressintam da falta de correção, que não teve ocasião de aplicar-lhes. Sua digna e veneranda mãe a Ex.ma Sra. D. Maria Luiza Silveira da Mota e Azevedo, que a isso nos autorizou, possui ainda grande cópia de manuscritos, que mais tarde serão por sua vez publicados. Rio, Outubro de 1886. L. A. da Silva Nunes.*[192]

---

190. ELEIÇÃO geral. *Jornal do Comércio*: Rio de Janeiro, 06/12/1884, p. 1.

191. Sem título. *A Federação*: Rio Grande do Sul, 29/12/1885, p. 2.

192. AZEVEDO, Álvares de. *O conde Lopo*: poema (inédito). Rio de Janeiro: Tipografia G. Leuzinger & Filhos, 1886.

Depois de a república instaurada, seus passos foram esporadicamente vigiados. Talvez cuidassem das suas viagens de bonde, meio de transporte em expansão. Ao lado dos saudosistas da monarquia, era considerado ameaça à ordem.[193] Em 19/04/1895, veio a óbito o filho João Tosta da Silva Nunes, que atuava como médico.[194] Em 1905, faleceu a única irmã, Maria Thereza da Silva Costa, que vivia na Fazenda Branca, no Rio de Janeiro. Em 1906, compareceu à missa solene encomendada pela Sociedade Reverência à Memória de D. Pedro II em memória da passagem da imperatriz Teresa Cristina.[195]

Luiz parece ter trabalhado até o óbito — talvez apenas ocasionalmente. Notas em jornais dão conta de que atuou junto com o advogado Evaristo de Moraes (1871-1939)[196] na defesa de Luiz Cândido de Faria Lacerda, réu confesso do homicídio do médico João Fer-

---

193. OS sebastianistas. *A Federação*: Rio Grande do Sul, 05/01/1892, p. 2.

194. Dr. João Tosta da Silva Nunes. *Correio da Tarde*: Rio de Janeiro, 20/04/1895, p. 1.

195. D. Tereza Christina. *A Notícia*: Rio de Janeiro: 28-29/12/1906, p. 1.

196. Curiosamente, Evaristo de Moraes, republicano, que estreara no júri em 1894, pelo escritório de Silva Nunes e Ferreira do Faro, ambos monarquistas, só se formou em Direito aos quarenta e cinco anos, depois de vinte e três anos atuando na atividade. Trabalhar sem formação era permitido. Não era óbice ao reconhecimento de notoriedade na profissão, como se deu com o próprio Evaristo, agraciado com vários elogios.

reira de Moraes e da tentativa de assassinato de uma moça chamada Clymene Philips Benzanilla. Os fatos ocorreram em 1906.

O crime teve motivação passional, ficando conhecido como a *tragédia da Tijuca*. Lacerda foi inocentado com base na argumentação de que o comportamento de Clymene o deixara fora de si, além da habitual noção de defesa da honra masculina. Noticiou o *Correio da Manhã* que Luiz, munido de cartas escritas por Clymene ao seu agressor, usou a tribuna para dizer: "[...] eu vou provar que Luiz de Lacerda não era um homem perfeitamente equilibrado. Havia nele uma coisa estranha, uma coisa amorável, que eu peço licença para chamar — intoxicação pelo amor".[197]

Evaristo de Moraes era de origem humilde, mulato, desde sempre abolicionista. O primeiro local de trabalho, como rábula, porque se formou como advogado somente muito tempo depois, foi o escritório de Silva Nunes. Curiosamente, apesar do caso *tragédia da Tijuca*, onde deve ter agido por ossos do ofício, era defensor de causas sociais, do republicanismo, inclusive das prostitutas. Quando essas foram perseguidas pela repressão, em 1897, ele impetrou um *habeas corpus* para permitir a liberdade de ir e vir na cidade do Rio de Janeiro. Autor de vários livros, Evaristo recordou que, em visita a Clymene, Luiz "fora ao ponto de enxergar acréscimo de

---

197. A TRAGÉDIA da Tijuca: fala do Dr. Silva Nunes, advogado de defesa. *Correio da Manhã*: Rio de Janeiro, 24/07/1908, p. 3.

graça naquela quase imperceptível covinha"[198] que um dos projéteis deixara no rosto. Luiz fez graça, inclusive durante a audiência de defesa, levando os presentes a rir, para desfazer a alegação dos peritos, que teriam dito que a moça ficara deformada.

A chalaça, de qualquer forma, aos olhos de hoje, parece infame. No início do século XX, algumas mulheres, dentre elas várias escritoras do Rio de Janeiro, repetiam discursos de emancipação feminina. Cite-se Júlia Lopes de Almeida (1862-1934) e Carmen Dolores (1852-1910). A última, pseudônimo de Emília Moncorvo Bandeira de Melo, defendia o divórcio, a educação da mulher e labutou contra o uxoricídio, como é denominado o assassinato da esposa pelo marido. Eram corriqueiros os enredos em que homens matavam em razão da infidelidade da companheira. Nos tribunais, muitos eram inocentados diante de provas, por vezes parcas, de traição. A luta dessas mulheres demorou a ser compreendida. Quando Dolores faleceu, Severo de Barros publicou um necrológio no qual escreveu: "Direi mesmo que o seu espírito nada tinha de mulher, era antes positivamente másculo e ninguém deixaria de o supor lendo os seus trabalhos e analisando o seu estilo sem saber que, na verdade, eram de uma pena feminina".[199] Tempos de escrita majoritariamente masculina.

---

198. MORAES, Evaristo de. *Criminalidade passional*: o homicídio e o homicídio-suicídio por amor. São Paulo: Livraria Acadêmica, 1933, p. 113.

199. BARROS, Severo de. Carmen Dolores. *A Província*: Recife, 20/08/1910, p. 1.

Em 27/02/1908, *A Opinião Pública* anunciava livro sobre o caso, no qual estaria incluso discurso de Silva Nunes.[200] Trata-se da obra *Determinismo e responsabilidade/crimes passionais — a tragédia da Tijuca*, publicado pela Livraria Cruz Coutinho-Jacintho, tomo ao qual não tive acesso.

Conforme Wildberger, Luiz faleceu aos oitenta e um anos de idade, em 2 de outubro de 1911, depois de cinquenta e dois anos de casamento, do qual tivera seis filhos.[201] Um ano antes da inauguração do bondinho do Pão de Açúcar, em 27/10/1912. O enterro, que se disse ter sido bastante concorrido, foi no Cemitério São João Batista, no Rio de Janeiro.[202] A esposa faleceu pouco tempo depois, em 1913.

Álvares de Azevedo foi sepultado no mesmo cemitério depois da remoção dos restos mortais do extinto cemitério da Praia Vermelha. Quando o túmulo em que

---

200. NOVIDADE do Rio de Janeiro. *A Opinião Pública*: Rio de Janeiro, 27/02/1908, p. 3.

201. Em outras fontes foi possível identificar mais filhos: Luiz Tosta da Silva Nunes (1860-1921); João Tosta da Silva Nunes (1863-1895); Isabel Pereira Tosta da Silva Nunes (1864-1944); Luiza Tosta da Silva Nunes (1873-1902); Branca Tosta da Silva Nunes (1868-1947); Constança Tosta da Silva Nunes (1863-1863) e Joana Tosta da Silva Nunes (1871-1931), além de outro Luís Tosta da Silva Nunes (1864-1864). Conforme essas fontes, seriam oito filhos. Dois não vingaram.

202. CEMITÉRIO São João Batista. *O Paiz*: Rio de Janeiro, 06/10/1911, p. 11.

fora enterrado foi destruído pela maré alta, porque muito próximo da praia, muitos corpos apareceram no local. A mãe foi orientada pelo cão da família, que teria reconhecido o cheiro do antigo dono em um dos cadáveres. Há quem não esteja muito seguro de que os restos transportados sejam mesmo do poeta. Um teste de DNA tiraria a dúvida facilmente — ao menos essa. Um dia visitarei os jazigos.

Quando publicou *Álvares de Azevedo desvendado*, Vicente de Azevedo afirmou: "Não encontramos o retrato de Silva Nunes, o amigo dileto, com o qual trocava impressões literárias, além de confidências".[203] Localizei uma imagem no livro de Wildberger. Depois obtive outras no acervo do Arquivo Nacional, que seguem no apêndice.

Quiproquós políticos: sodomia como agravante

A quem quiser saber por que precisou ler sobre a trajetória política de Luiz e por que vasculhei a vida pública se o objetivo do livro não era esse, o fiz porque não era incomum que pessoas em lugar de poder fossem acusadas por desafetos de comportamento sexual considerado desviante. Artimanha para fragilizar o inimigo.

---

203. AZEVEDO, Vicente de Paulo Vicente de. *Álvares de Azevedo desvendado*. São Paulo: Livraria Martins; Brasília: INL, 1977, p. 258.

Às vezes, imoral falso testemunho. Em outras, saber da intimidade do adversário era grande trunfo.

Um dos casos mais famosos envolvendo disputa de poder, olho grande e acusações (in)fundadas foi o da Ordem dos Templários. Por volta de 1307, esses monges cavaleiros concentravam riquezas e tinham vasta influência na Europa. Provavelmente foi a inveja que moveu a perseguição de Felipe, o Belo (1268-1314), soberano francês. Para justificar a dissolução do grupo, multiplicaram acusações de feitiçaria, heresia e sodomia — as relações sexuais entre homens seriam parte dos ritos de iniciação. No Brasil, não são raros os episódios que podem exemplificar outros interesses envolvidos nas delações. Seguem dois casos, que abrangem o início e o fim do período temporal abrangido pelo livro.

Na década de 1830, foi o que aconteceu com o diplomata João Batista de Queiroz, caramuru, defensor do retorno de D. Pedro I ao Brasil. Redator de jornais como *Nova Luz Brasileira*, *Matraca dos Farroupilhas* e *Jurujuba dos Farroupilhas* e proprietário de outros, todos de curta duração, como *A Lima Surda*, *A Babosa*, *Restaurador*, *Tamoio Constitucional*, ele era famoso por bravatas a torto e a direito. Finalmente foi desafiado pelo redator do jornal *O Republico*, editado pelo liberal Antônio Borges da Fonseca (1808-1872). Este era filho de um aristocrata com uma indígena escravizada. Adepto de Rousseau, foi criticado pela nata dos intelectuais por escrever de acordo com a fonética, o que possibilitava a leitura de muita gente menos instruída. Contestador e encrenqueiro, passou um período preso por opiniões contra o imperador.

Supostas práticas homossexuais de Queiroz foram espalhadas aos quatro ventos.[204] Edição de 18/06/1831 do *Republico* afirma que ele "se apraz com os estragos de Sodoma"[205], razão pela qual é chamado de "homem depravado", "pobre diabo" e "mísero vivente". Misto de ataque político e *ad hominem*, algo trivial naqueles tempos. De 1902, outro quiproquó. O jornalista Edmundo Bittencourt (1866-1943), gaúcho nascido em Santa Maria, com passagem por Porto Alegre, conhecido por fundar o jornal *Correio da Manhã* (1901), no Rio de Janeiro, caracterizado pela oposição a todos os governos, entrava em guerra discursiva com o jornalista, professor do Colégio D. Pedro II e poeta Carlos de Laet (1847-1927), a quem acusava de corromper rapazinhos: "E ele não passa de um sátiro, de instintos depravados, que tentou corromper até os pobres meninos empregados como aprendizes nas tipografias, onde ele, o santo, o poço de virtudes, era pago para fazer propaganda de sua fé católica [...]".[206]

Laet era monarquista, católico extremista e costumava colaborar com o *Correio da Manhã*, periódico que não era financiado com verbas públicas, como a maioria dos jornais da época, e que se vangloriava de ser im-

---

204. FIGARI, Carlos. *@s outr@s cariocas*: interpelações, experiências e identidades homoeróticas no Rio de Janeiro – séculos XVII ao XX. Belo Horizonte: Editora UFMG; Rio de Janeiro: IUPERJ, 2007, p. 175.

205. Sem título. *O Republico*: Reio de Janeiro, 18/06/1831, p. 2.

206. BITTENCOURT, Edmundo. Seção livre: o curral I – leitura para homens. *Correio da Manhã*: Rio de Janeiro, 04/05/1902, p. 5.

parcial, coligindo textos de monarquistas a republicanos. Conforme Laet, Bittencourt, que defendia a república, embora reivindicasse uma série de ajustes na forma de governo, censurou um de seus escritos, pontapé inaugural do entrevero. O ex-colaborador processou o proprietário do jornal, exigindo que fossem mostradas evidências do que escrevera.

Antes, enquanto era acusado de preferir mulatas, de frequentar meretrizes, Laet não moveu tanta palha para resguardar a honra. Bittencourt, em sua defesa, levou aos tribunais o jovem que fora alvo do assédio, que testemunhou dizendo que Laet tentara beijá-lo, além de se mostrar intencionado a praticar a pederastia. Bittencourt tornou público o processo e, no jornal, tentava inflamar a sociedade, especialmente os pais, contra os perigos de um professor com essas tendências perante filhos. O gaúcho perdeu a causa em primeira instância. Depois de vários recursos, o andamento acabou suspenso em 1906.[207] É a suma apressada de um complexo bate-rebate narrativo, que exemplifica o uso-abuso das questões de gênero para instabilizar adversários de todas as ordens diante do público e dos tribunais.

Cogitando a possibilidade de algo semelhante ter sido levantado contra Luiz, tão achacado pelos opositores da ala liberal, auscultei a vida laboral. Sequer insinua-

---

207. GARZONI, Lereci de Castro. *Arena de combate:* gênero e direitos na imprensa diária (Rio de Janeiro, início do século XX). Tese de Doutorado. Universidade Federal de Campinas, 2012, p. 43-74.

ção sobre desregramento na vida amorosa foi encontrada. Nem mesmo fuxicos sobre aventuras extraconjugais heterossexuais. O que não significa que não tenham existido uma ou outra coisa ou ambas. Mas diante dos resultados preliminares, defenestrei a euforia com essa linha de pesquisa.

Foi bonito, foi...[208]

Gênero e sexualidade são temáticas que podem ser exploradas a partir de quaisquer momentos históricos e personagens. Minha escolha tem sido esta: a aproximação, aos poucos, do RS, ainda no século XIX. Por lacuna na produção regional. Compreendo qualquer eventual incômodo do leitor que não consegue, ainda, perceber a avizinhação indicada. De fato, desde *Babá: esse depravado negro que amou*, os personagens permanecem a maior parte das vidas no Sudeste. Edições futuras serão mais esclarecedoras.

Os debates sobre a identidade de gênero e a orientação sexual de personalidades históricas são, em geral, decorrentes do desejo de grupos diferentes em reivin-

---

208. Parte do refrão *pegajoso* da música *Fui fiel*, interpretada por Gusttavo Lima. Composição de Felipe Costa Silva, Carlos Magno de Santanna, Agenor Apolinário dos Santos Neto e Fabinho Souza. Sempre me veio à mente enquanto pensava na relação entre Luiz e Azevedo. Não rolou nenhuma música *cult*, o que conferiria uma aura mais intelectual ao texto. Deixei o que veio.

dicar para si alguém que consideram. Escritores são pessoas alcançadas pelo que representam. No máximo do furor, não poderiam passar de leves e divertidas contendas entre interessados. No entanto, não é incomum a depreciação *ad hominem* entre pareceristas — como a que se deu na queda de braço entre Mott e Reinaldo Azevedo. Isso evidencia que muito mais ainda parece estar em jogo, especialmente para os homens heterossexuais.

Recentemente, quando o Porta dos Fundos sugeriu que Cristo foi homossexual, representantes de entidades religiosas e boa parte da sociedade civil — despreparados para assimilar que, assim como nos heterossexuais, há um apelo imanente nos LGBTQI+, que os faz buscar semelhantes na História, nas suas origens — firmaram o repúdio aos comediantes, caso que culminou em crime, quando a sede da empresa foi atacada com dois coquetéis molotov.[209] Cristo é uma figura quase universal. No Brasil, já foram disputados em cabo de guerra personalidades como Zumbi dos Palmares e Santos Dumont (1873-1932), sempre com Luiz Mott de um lado.

Na releitura dos originais do trabalho, me peguei pensando se tamanho escrutínio, a busca por *pistas*, não levaria escritores heterossexuais ou homossexuais desconfortáveis com a publicidade a evitar personagens gays — porque a desconfiança à mera citação ensejaria

---

209. *PORCHAT diz que a homofobia é nítida, após ataque ao Porta dos Fundos.* Catraca Livre, 26/12/2019. Disponível em: <https://catracalivre.com.br/entretenimento/porchat-diz-que-a-homofobia-e-nitida-apos-ataque-ao-porta-dos-fundos/ >. Acesso em 04/03/2020.

chafurdarem suas vidas. Talvez aconteça com um ou outro. Todavia, somente vai ocorrer porque ainda vivemos em um contexto em que o imaginário preponderante considera identidades fixas, associa a normalidade com o binarismo e apenas tolera o diferente como um favor.

Decerto sobram pontos nebulosos na biografia de Álvares de Azevedo. Mais ainda na de Luiz, de quem tentei fornecer retrato mais nítido. Um exemplo pontual do que pode ser *revisto*, talvez não com o sentido de desfazer outras interpretações, mas com o intuito de ofertar caminhos, confundir as certezas, é a narrativa que sugere que o conde Alexandre Fé d'Ostiani foi *logrado* pelo poeta em vestes femininas. Para muitos dos que se dedicaram à vida/obra de Azevedo, a inverossimilhança do relato é evidente. Todavia, sabe-se, talvez melhor hoje do que ontem, que não é incomum que pessoas *trans* tenham passabilidade no mundo cisgênero. Quantas andam nas ruas, namoram com homens cis, sem que se cogite haver uma trajetória de vida outra no passado? Inconteste que a figura da travesti, ainda mais quando ocasional, é idiossincrática. Mas se há algo a transportar das figuras *trans* da atualidade para o século XIX é a probabilidade de Álvares de Azevedo ter se passado por moça. "De pequena estatura, físico delicado, traços finos; sua voz era 'fina e pouco cheia', tocada de 'certa macieza'"[210], conforme descrição do primo Domingos Jacy Monteiro.

---

210. AZEVEDO, Vicente de Paulo Vicente de. *Álvares de Azevedo desvendado*. São Paulo: Livraria Martins; Brasília: INL, 1977, p. 186.

Mais do que meio caminho andado. Não parece, portanto, quimérico que um adolescente com esse tipo físico, com cerca de 17 anos de idade, possa ter sido visto como mulher. Recursos de maquiagem existiam.

Para além da circunstância, um movimento exegético pode ser visto com maior precisão. Nos tempos em que o caso foi tornado público pela irmã de Álvares de Azevedo, bem como à época em que o fato teria se dado, a figura da (ainda "do") travesti era mais ligada a representações teatrais cômicas do que a uma identidade de gênero — embora excepcionalmente aparecessem entrelaçadas. Habitualmente homens representavam os papéis femininos nos teatros. Evidentemente, nessas transformações cênicas, muitas pessoas, que hoje reconhecemos como LGBTQI+, podem ter experimentado o que gostariam de ser no cotidiano.

Em 1977, quando Vicente de Azevedo veio a público refutar a — para ele — entressonhada feminilidade de Álvares de Azevedo, travesti já era nomenclatura largamente relacionada às profissionais do sexo, que vinham aparecendo em jornais, comumente associadas à criminalidade. Elas (ainda em vigência *eles*) eram retratadas de forma sensacionalista por meios de comunicação como a emergente televisão. Deixou-se de pensar *no* travesti como ator/atriz. É admissível inferir que novos contornos do termo fizeram Vicente de Azevedo robustecer o desejo de desvincular uma imagem, cada vez mais marginal, do nome do poeta.

Também ao longo da pesquisa foi evidente a (in)consciente reiteração da heterocisnormatividade. Nem o imaginário mais tresloucado, que atribuía desde surubas até necrofilia aos integrantes da hipotética Sociedade Epicureia, ectoplasmou práticas sexuais entre pessoas do mesmo sexo. Os que supuseram os "horrores" praticados pelos acadêmicos de São Paulo, mesmo que os soubessem influenciados por Byron, não se permitiram *fantasiar* licenciosidade que não a heterossexual. Preciso cogitar que editores não tenham aceitado publicar — geralmente esses profissionais são esquecidos na avaliação de materiais.

Afinal, temos uma resposta? Era ou não era? Nas conversas com Luiz, Álvares de Azevedo falava sobre mulheres? Certo. Mas isso de longe é prova de que não manifestasse algum interesse homossexual — tenha sido recíproco ou não. Posso conjecturar que o poeta, ao escrever não ter encontrado representante do sexo feminino a chamar sua atenção, queria, no íntimo, dizer que era o caso de não achar nenhuma, nunca. Pode ser confissão de pensamento exclusivo em Luiz? Demonstração de que estava tentando esquecer o que quer que tenha se estabelecido entre os dois para seguir adiante?

Mesmo que homens como ele e Luiz soubessem da atração homossexual mútua ou não, concretizada ou não, é pouco plausível que não pensassem em seu destino. Era esperado que exercessem uma profissão reconhecida, casassem e tivessem filhos. Como operacionalizar uma relação duradoura fora dos espaços naturalmente reservados ao convívio de pares — internatos, Academia, seminários? Poderiam ter imaginado que as relações com mulheres não seriam fator excludente de eventual prazer — carnal ou não — com outro homem?

Era, com algumas especificidades e com muita desvantagem para as mulheres, no que acreditavam muitos gregos antigos.

Recentemente, mesmo que afrontados debochadamente, envoltos por desconfianças oriundas da sociedade arraigada à lógica identitária binária, num quase flerte com a bissexualidade, alguns indivíduos se autodenominaram *g0ys* (sim, com um zero ali) e outros como praticantes de *bud* sex. Ambos são, em tese, homens heterossexuais que sentem tesão em estar com outro homem, embora refutem a pertença ao acrônimo LGBTQ. Novas denominações possibilitam outras afeições ou sentimentos que sempre existiram (res)surgem com novas nomenclaturas?

Quando, a certa altura, pontuei como *spoiler* a existência de uma filha de Luiz, fiz com leve ironia. Porque por largo tempo foi, para muitos ainda é, líquido e certo que alguém casado e com filhos tem, no matrimônio e na prole, atestados de desejo exclusivamente heterocisnormativo. Preciso trazer exemplos de quantos homens gays e bissexuais casaram, mantendo fidelidade ou não, por impossibilidade de assumir variações do desejo? O quão a lógica cristã, da família monogâmica, engessa o desejo? Quanto mais se volta no tempo, menos provável é identificar, ao menos na história brasileira, um *casal* homoafetivo. A experiência homossexual estava mais associada a práticas furtivas, a aventuras efêmeras, ao sexo pago, ao risco, à noite — não por natureza, mas por contingências. Ter casado e ter tido filhos pode significar muito e pode não dizer nada.

Acredito que não se deve acatar — e talvez somente tal interesse baste para justificar o livro — tentativas de apagamento da probabilidade. Quando a heterossexualidade é a norma[211], enquanto a homossexualidade precisa ser afirmada e comprovada, defensores desta última serão conclamados a fornecer provas robustas que, considerada a impossibilidade do assumir-se, no contexto do século XIX, serão difíceis de obter. Cogitar com base em indícios não vultuosos não pode ser tachado como inapropriado ou desconsiderado por suposta falta de apuro metodológico. Evidentemente, a restrição material em relação às fontes precisa aparecer — foi o que fiz ao longo do texto.

No terreno movediço da anacronia, não é difícil tecer, para Azevedo, hipóteses de assexualidade, bissexualidade, demissexualidade ou sapiossexualidade. Todas classificações nativas da lógica identitária. Escapando da categorização que, via de regra, impele a imaginar identidades estanques, por que não conjecturar experimentações ou fluidez?

Fiquei inclinado a ver certa tensão afetivo-sexual no que a maioria deliberou ter sido *amizade*, termo utilizado pelos dois para comentar o que sentiam mutuamente.

---

211. Mesmo sendo a norma, não quer dizer que, no cotidiano, homens não sejam constantemente postos à prova. Pais, amigos, sociedade mantêm vigilância para sanar quaisquer desvios. Todavia, observando historicamente, pensando em personagens do passado, acredito na tendência a ver qualquer homem referenciado como heterossexual – no primeiro, segundo e terceiro momentos.

Tanto me dobrei que flertei com o termo *crush*. A gíria permite, assim como a formulação do amor platônico, raciocinar sobre um sentimento amoroso que, amiúde, acontece somente para uma das partes. Por que estudar Luiz? Porque, em tese, a afeição existente não aquecia somente Azevedo. Afinal, mesmo com as cartas calorosas ou cheias de reclames quase ciumentos, passaram a morar juntos em São Paulo.

Parece ter existido certa naturalidade e frequência no tratamento afetuoso entre homens em tempos passados. Idiossincrática. Será que ocorria somente entre intelectuais, especialmente entre escritores, ou assim se pensa porque o homem rústico do campo, o trabalhador braçal urbano e correlatos não deixaram registros, diários, memórias, cartas sobre suas vidas, parcerias e camaradagens? Acaso tenha realmente existido, há muito se perdeu essa tranquilidade ou modo de agir entre homens heterossexuais. Dizer que gosta de outro, hoje, aciona todos os pisca-alertas. Clima policialesco, de vigilância alimentada pelas políticas identitárias, que restringem e insistem em saber: *é ou não é?*

No trajeto que me levou a desenvolver o apanhado biográfico, de mais leituras do que de escritas, (re)aprendi que a amizade entre homens pode ser vivida sem as marcas da masculinidade tóxica que tem machucado LGBTQI+, mulheres e eles mesmos. À tentação de dizer que Álvares de Azevedo se apaixonou pelo gaúcho Luiz — quem sabe pelo conde italiano Fé d'Ostiani também, como aventuraram alguns —, como historiador, no final do segundo tempo, devo grifar que vontade pessoal não é suficiente. Conclusões não há. Claudicante ressalva? Certo. Decerto me tranquiliza que a solução de facilidade tenha desposado o rigor. Gostaria que tivesse sido? Sem dúvida. Tenho cá comigo trecho de uma música, não que seja adicto a esse estilo musical, mas porque dessas que se ouve em todos os lugares, que sempre volta à mente enquanto trabalho nessas páginas. O que quer que tenha sido, mesmo efêmero, "foi bonito, foi".

APÊNDICE

Sonhando[212]

Na praia deserta que a lua branqueia,
Que mimo! que rosa! que filha de Deus!
Tão pálida... ao vê-la meu ser devaneia,
Sufoco nos lábios os hálitos meus!
Não corras na areia,
Não corras assim!
Donzela, onde vais?
Tem pena de mim!

A praia é tão longa! e a onda bravia
As roupas de gaza te molha de escuma...
De noite, aos serenos, a areia é tão fria...
Tão úmido o vento que os ares perfuma!
És tão doentia...
Não corras assim...
Donzela, onde vais?
Tem pena de mim!

---

212. *Sonhando* aparece como publicação póstuma em *Lira dos vinte anos*, um dos únicos livros que Álvares de Azevedo terminou de escrever em vida.

A brisa teus negros cabelos soltou,
O orvalho da face te esfria o suor,
Teus seios palpitam — a brisa os roçou,
Beijou-os, suspira, desmaia de amor!
Teu pé tropeçou...
Não corras assim...
Donzela, onde vais?
Tem pena de mim!

E o pálido mimo da minha paixão
Num longo soluço tremeu e parou,
Sentou-se na praia, sozinha no chão,
A mão regelada no colo pousou!
Que tens, coração
Que tremes assim?
Cansaste, donzela?
Tem pena de mim!

Deitou-se na areia que a vaga molhou.
Imóvel e branca na praia dormia;
Mas nem os seus olhos o sono fechou
E nem o seu colo de neve tremia...
O seio gelou?...
Não durmas assim!
O pálida fria,
Tem pena de mim!

Dormia: — na fronte que níveo suar...
Que mão regelada no lânguido peito...
Não era mais alvo seu leito do mar,
Não era mais frio seu gélido leito!
Nem um ressonar...
Não durmas assim...
O pálida fria,
Tem pena de mim!

Aqui no meu peito vem antes sonhar
Nos longos suspiros do meu coração:
Eu quero em meus lábios teu seio aquentar,
Teu colo, essas faces, e a gélida mão...
Não durmas no mar!
Não durmas assim.
Estátua sem vida,
Tem pena de mim!

E a vaga crescia seu corpo banhando,
As cândidas formas movendo de leve!
E eu vi-a suave nas águas boiando
Com soltos cabelos nas roupas de neve!
Nas vagas sonhando
Não durmas assim...
Donzela, onde vais?
Tem pena de mim!

E a imagem da virgem nas águas do mar
Brilhava tão branca no límpido véu...
Nem mais transparente luzia o luar
No ambiente sem nuvens da noite do céu!
Nas águas do mar
Não durmas assim...
Não morras, donzela,
Espera por mim!

Sonhando[213]

Na praça deserta, que a lua branqueia
Que mimo! que graça, que puto meu Deus!
Tão airoso! Ao vê-lo, meu ser devaneia
No peito sufoco os hálitos meus!

Não corras na praça
Não corras assim!
Ó puto, onde vais?
Tem pena de mim!

E o mimoso puto do meu coração
N'um longo soluço, tremeu e parou;
Beijei-o nas faces, peguei-lhe na mão
E a mão nevada na porra pousou!

Que tens ó meu anjo
Que tremes assim?
Cansas-te, meu puto?
Tem pena de mim!

---

213. *Almanak caralhal.* Paris: 1860, p. 41-43. Disponível em: https://books.google.com.br/books/about/Almanak_caralhal.html?id=OkimZiNNXfgC&redir_ Essa paródia foi assinada por "R.". Acesso em 24/12/2019.

Leveio-o pra uma casa, que próximo estava
Deitei-o em n'uma cama, bem fofa e macia
Despiu-se! Oh, que bimba tão bela e engraçada!
Já o meu caralho em ânsias tremia!

A porra entrou
No cu de cetim!
Mexe-te ó puto
Tem pena de mim!

Mexeu-se; nas bimbas que níveo suor!
Que mover gracioso no lânguido leito!
A porra fogosa entrou com furor
Pulsava de gosto ansioso meu peito.

Está quieto, puto
Não bulas assim!
Ó puto mimoso,
Tem pena de mim!

E a porra crescia no belo cu entrando
As bimbas nevadas moviam de leve!
E eu senti a langonha suave banhando
O cu fedorento do puto de neve!

No cuzinho entrando
Não bulas assim;
Está quieto ó puto
Que eu já me vim.

E neste momento acordei! E dissipou-se
Meu sonho formoso, deixando-me assim
Agarrei então no caralho ansioso
E bela punheta então eu fiz a mim!

Luiz Antônio da Silva Nunes
Fotografado por Henschel & Benque,
fotógrafos da Casa imperial. Sem data.
Acervo do Arquivo Nacional do Rio de Janeiro.

A imagem extraída da obra de Arnold Wilberger.
Parece ser retrato de Luiz feito em 1861,
quando deputado pelo Espírito Santo.

Foto sem data. Tirada pelo estúdio Carneiro & Gaspar, que tinha sedes no Rio de Janeiro, em São Paulo e em Paris.

Acervo do Arquivo Nacional do Rio de Janeiro.

O AUTOR

Jandiro Adriano Koch (Jan)

Nasceu em Estrela, interior do Rio Grande do Sul. É graduado em História pela Univates (2018) e especialista em Gênero e Sexualidade (2019). Tem cinco livros lançados, quatro analisando vivências LGBTQI+ em região interiorana, no Vale do Taquari (RS), e *Babá: esse depravado negro que amou* (Libretos, vol. 7 da série Poche, 2019). Trabalhou como servidor público concursado na Prefeitura Municipal de Estrela; na Procuradoria-Geral do Estado do Rio Grande do Sul e no Instituto Nacional do Seguro Social, em Lajeado (RS). Contribuiu para jornais como *A Hora*, *O Informativo do Vale*, *Jornal do Nuances*. Atualmente é colaborador da revista digital *(parêntese)*, de Porto Alegre.

Poche Libretos

Livros de Bolso

Os peixes, o vovô e o tempo / Letícia Möller
Vão pensar que estamos fugindo / Valesca de Assis
Luta + vã / Álvaro Santi
A Vaca Azul é Ninja em uma vida entre aspas / Jéferson Assumção
Dora / Meire Brod
Elogio dos tratados sobre a crítica do discursos / Rafael Escobar
Babá, esse depravado negro que amou / Jandiro Adriano Koch
Incerto sim / Rafael Escobar
Mel e dendê / Fátima Farias
Escritos de sobrevivência / Iranice Carvalho da Silva

Jandiro Adriano Koch

O CRUSH
de Álvares de Azevedo

Volume 11 da Série Poche Libretos
(Livros de Bolso)
Impresso na gráfica Pallotti de Santa Maria,
em maio de 2020,
sobre papel off-white 80 gr/m²,
composto em Lucida Bright.

Poche
Libretos